T0038145

Tu autoestima es un arte

Tu autoestima es un arte

ANDREA ROSARIO SÁNCHEZ

Una guía para conocerte
más y quererte mejor

Penguin
Random House
Grupo Editorial

Primera edición: junio de 2023

© 2023, Andrea Rosario Sánchez
© 2023, Penguin Random House Grupo Editorial, S. A. U.
Travessera de Gràcia, 47-49. 08021 Barcelona

Penguin Random House Grupo Editorial apoya la protección del *copyright*.
El *copyright* estimula la creatividad, defiende la diversidad en el ámbito de las ideas y el conocimiento,
promueve la libre expresión y favorece una cultura viva. Gracias por comprar una edición autorizada
de este libro y por respetar las leyes del *copyright* al no reproducir, escanear ni distribuir ninguna
parte de esta obra por ningún medio sin permiso. Al hacerlo está respaldando a los autores
y permitiendo que PRHGE continúe publicando libros para todos los lectores.
Diríjase a CEDRO (Centro Español de Derechos Reprográficos, http://www.cedro.org)
si necesita fotocopiar o escanear algún fragmento de esta obra.

Printed in Spain – Impreso en España

ISBN: 978-84-666-7507-9
Depósito legal: B-7.980-2023

Compuesto en Llibresimes, S. L.

Impreso en Limpergraf
Barberà del Vallès (Barcelona)

BS 7 5 0 7 A

El fuego no tiene sombra porque puede generar
su propia luz.
Tú eres esa llama capaz de generar su propia luz.
Y en este momento, cuando lees este libro, la
estás haciendo más grande, estás generando la luz
que te permitirá alumbrar bien el camino hacia el
amor propio y descubrir las barreras que te
impedían llegar a él.

Índice

TERCERA PARTE
Los primeros pasos hacia el Louvre

Nota aclaratoria de la autora

- En las siguientes páginas he compartido algunas vivencias personales. También encontrarás ejemplos de situaciones y comportamientos. En todos los casos, los nombres que aparecen son totalmente ficticios, por lo que cualquier parecido con la realidad es pura coincidencia.

- Verás que a lo largo de todo el libro hablo de comportamientos y patrones, así que ten presente que son eso: tendencias y patrones generales. Tu experiencia personal es única y, por lo tanto, no tienes por qué identificarte con todo lo que leerás.

- El objetivo de este libro es proporcionarte pautas generales que te puedan acompañar en tu proceso introspectivo y de crecimiento. Este libro no pretende sustituir un proceso terapéutico, por lo que, si sospechas que puedes estar padeciendo algún trastorno mental, te animo a que busques un profesional, psicólogo o psiquiatra que te acompañe en tu camino.

- En cuanto al género, he decidido hacer uso del masculino genérico para referirme al lector, pero este libro se dirige a ti sin importar con qué género te identifiques. Es una guía pensada y escrita para cualquier persona que quiera conocerse y entenderse mejor.

Introducción

¡Arrancamos!

¡Andrea al mando! Encantada de que estés aquí, ojalá pudiera decir que encantada de conocerte también. ¿Quizá algún día? :)

Me presento rápidamente, tendrás que saber quién te está haciendo este tour que te va a llevar a replantearte muchas cosas de tu vida e iniciar un camino reconciliador contigo, ¿no? Soy psicóloga general sanitaria. No me gusta definirme por mi profesión ni por mi formación, pero, como te dispones a leer este libro, creo que es relevante que lo sepas. Vaya, que sé cosas profesionalmente hablando que me permiten acompañarte en tu camino y que, además, he tenido que llevar a cabo el mismo recorrido interno para estar donde estoy hoy. Y sí, digo que yo también he realizado este recorrido porque he sufrido problemas de salud mental. Ya sabes, los psicólogos también vamos al psicólogo. Así que puedes verme como una amiga que posee conocimientos de salud mental y que te va a dar la mano durante este ratito de lectura. Soy una amante del arte en general, de modo que te toparás con unas cuantas pinceladas.

Ahora ya sabes quién soy, pero aún no te he dicho qué vas a encontrar en las siguientes páginas. Para que te hagas una idea, vamos a hablar de tu valor, aunque no del que tienes, sino del que te das, del que te atribuyes. Es decir, de lo que vendría a ser tu autoestima.

No me gusta usar mucho la palabra «autoestima» por la connotación que ha adquirido en la sociedad. Es un término tan utilizado que cada uno le puede haber atribuido un significado distinto. Aquí vas a ver que quizá no era lo que pensabas y vas a descubrir el poder sanador que esconde el empezar a mirar en las entrañas de lo que te hace tener la autoestima que tienes. Trabajar sobre ella te cambiará la vida. Suena fuerte, pero es así. Tu autoestima condiciona la forma en la que percibes el mundo, en la que te relacionas con él, influye en tus decisiones diarias, en que tal vez estés dentro de situaciones de las que no sabes salir por miedos derivados de creencias erróneas... Siendo honesta... Si yo no fuera consciente de todo lo que sé ahora mismo de la autoestima, y no la hubiera trabajado, no estaría escribiendo este libro. Y no porque el contenido sea sobre la autoestima. Que también. Sino porque la baja autoestima me lo hubiera impedido.

¿Sabes qué es lo primero que me soltó una persona

cuando le expliqué que se me había presentado este proyecto tan interesante? Pues me dijo: «Andrea, y ¿ya te ves capaz de escribir un libro?». Yo no dudé en contestar que claro que me veía capaz, aunque tuviera muchos temores (porque los miedos están aquí presentes). Pero que por supuesto que me veía y me veo con las capacidades necesarias. Después reflexioné sobre, ironía de la vida, que a mí, siendo la primera que ha tenido que trabajar la autoestima a fondo, me saliera esta oportunidad y, de primeras, ya me hicieran dudar de mis capacidades.

Así que espero que este libro te sirva para lo mismo que me sirvió a mí trabajar mi autoestima, para que hagas aquello que en este momento tu baja autoestima ni siquiera te permite plantearte. Y lo más importante, para reducir el dolor que causa todo lo que implica una baja autoestima. Para que nada te pare.

¡Bienvenido a este viaje al centro de ti mismo!

PRIMERA PARTE

La autoestima, esa gran desconocida

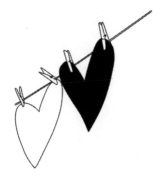

1

Una necesidad básica

Obra de arte

Siempre me ha gustado pensar que somos obras de arte. Como la *Mona Lisa*, ella bien puestecita en el Louvre. Una obra de arte de un altísimo valor y superreconocida. Si has ido alguna vez al Louvre o la has visto por otro lugar, te habrás dado cuenta de que está protegida con un vidrio que nos deja apreciar su valor y al mismo tiempo evita que la dañen.

A mis ojos, la autoestima sería ese cristal. Suficientemente resistente para protegernos ante las situaciones de la vida, pero que no deja de ser cristal. Transparente, para mostrar nuestro valor al mundo y a nosotros mismos. También frágil, vulnerable. Capaz de reducir el impacto de una bala, pero rompiéndose de igual forma.

Como humanos somos vulnerables, pero trabajar en conocernos, valorarnos y detectar aquello que nos está impidiendo hacerlo reducirá el daño que nos puedan causar las circunstancias de la vida. Dentro de la vulnerabilidad, el autoconocimiento nos dará la fuerza para mostrarnos sin miedo.

A nadie le avergüenza que a la *Mona Lisa* la vean cientos de personas al día porque no tiene nada de lo que avergonzarse. De igual modo, si queremos salir al mundo tranquilos de poder mostrarnos como somos, debemos aprender a ver el valor que tenemos. No es fácil, hay que hurgar mucho para saber qué hay detrás de esa forma que tenemos de percibirnos, de no gustarnos ni confiar en nosotros.

Pero es necesario y posible, no nos merecemos estar a merced de que cualquiera venga a destruirnos sin ningún tipo de escrúpulos y lo consiga sin esforzarse demasiado. Merecemos protección. Merecemos exponernos con seguridad. Eres una obra de un alto valor. Este es mi primer mensaje para ti, antes de empezar a profundizar en todo lo que viene a continuación.

Y no solo por protección. Eres digno también de llegar a estar en los museos más prestigiosos, de que te pasen cosas buenas y conseguir autorrealizarte como persona.

Así que en este libro vas a hacer un recorrido de varias etapas hasta llegar a tu obra y conseguir construirle un cristal precioso que la proteja y la deje ver al mismo tiempo. Empezaremos con un salto al pasado para que entiendas cómo las circunstancias de tu vida pueden haber influido para que hoy en día no te des el valor que mereces. Miraremos de cerca qué factores están retroalimentando tu baja autoestima y qué cosas estás haciendo sin darte cuenta de que te perjudican. Y lo más importante, al final verás que has ido consiguiendo todos los materiales que te hacen falta para empezar a construir ese cristal que es tu autoestima. Vas a ser cristalero por un día.

El primer paso

Estás aquí. Este es el primer paso: estar. Y desde este momento te cojo la mano para acompañarte. Vas a ver que el camino que te ha traído hasta aquí ha determinado la forma en la que te valoras, te tratas y actúas. Y yo sé que lo has hecho lo mejor que has podido, pero quizá no has contado con las herramientas ni el entorno adecuados para que tuvieras éxito. No te preocupes, te encuentras en el sitio correcto. Las cosas que te han pasado y han trazado tu forma de ver la vida siempre van a estar en tu memoria, no van a desaparecer, pero pueden dejar de ser la brújula que te dirige.

Estoy segura de que tú, igual que yo, nos hemos hecho mucho daño a nosotros mismos sin darnos cuenta. Es normal. Nos han enseñado que ciertas cosas están bien, que otras están mal, y si no lo hacíamos así pensábamos, que no valíamos nada y nos castigábamos por ello. Y no porque no valiéramos nada de verdad, sino porque lo habíamos aprendido así y no nos lo replanteábamos.

Pero ahora imagina que vas al Louvre y te dicen que la *Mona Lisa* solo tiene valor colgada en el medio de la pared, pero que, si la colocan un poco más a la izquierda o a la derecha, ya no vale nada. O que, si la persona que la está mirando en ese momento dice que le gusta, tiene valor, pero que, si no, no. Sería de locos. Pensarías que no tiene ningún sentido porque son reglas absurdas.

Pues es lo que nosotros hacemos. Si no actuamos como CREEMOS que deberíamos actuar pensamos que perdemos nuestro valor. Si alguien de nuestro entorno nos critica, perdemos nuestro valor. Si no cumplimos las expectativas de los demás, perdemos nuestro valor. Eso nos lleva a tener una autoestima muy frágil, porque somos imperfectos y no siempre vamos a ser capaces de cumplir nuestras expectativas, ni las de los demás. Nuestro valor está por encima.

Lo bueno es que ahora vas a empezar a darte cuenta de todo eso. Vernos. Mirarnos internamente y detectar esas cosas para poder actuar sobre ellas, para dejar de estar involucrados en situaciones dolorosas, para dejar de intentar protegernos de maneras inefectivas y perjudiciales. Y para que cuando estés seguro y te sientas a salvo y estable, puedas preocuparte de seguir limando aspectos de ti mismo que te hagan seguir mejorando, aprendiendo sobre ti mismo y llegar a dar lo mejor de ti.

Merece la pena

Tener baja autoestima no es ninguna tontería. No solo implica sentirte mal al mirarte al espejo, que no es poco, implica sentirte inseguro e incompetente en tu trabajo, el colegio o la universidad, e inferior en las relaciones; implica sentir que cada fracaso por el que transitas te da la razón en que hay algo malo en ti; implica dejar de buscar oportunidades que te permiten avanzar hacia donde te gustaría porque tu mente está intentando protegerse de lo malo que puede pasar; implica dejar que te falten al respeto porque no te sientes lo suficiente importante o capaz de evitarlo. Implica sufrir muy a menudo. En definitiva, tener baja autoestima significa tener un sinfín de ataduras a demonios que te impiden sentirte bien y progresar hacia donde te gustaría. Por eso invertir tu tiempo en trabajarla es una inversión en tu calidad de vida y bienestar. Y no solo eso, también se ha visto que las personas con baja autoestima sufren múltiples problemas emocionales, de ansiedad, depresión, etc. Así que no solo influye en que no tengas el bienestar que te gustaría, a largo plazo también puede ser un factor que te predisponga a desarrollar otros trastornos. Ya lo veremos en mayor detalle más adelante.

Antes de empezar, solo puedo decirte gracias, ánimo y que eres muy valiente por querer mirar hacia dentro en lugar de hacia los lados.

Las cosas claras

Antes te comentaba que no me gusta utilizar la palabra «autoestima». Es un término tan usado que cada uno le puede haber atribuido un significado diferente. A eso se le suma que también se ha asociado a este tipo de mensajes: «Tú puedes con todo», «Eres el amor de tu vida», «Ámate cada día», etc. Como si decirte eso a ti misma por sí solo fuera a acabar con todo lo que te causa tener una baja autoestima, ¿verdad?

Pero a eso le vamos a poner una solución. Como voy a hablar de ella a lo largo de todo este libro, te explicaré primero lo que verdaderamente es la autoestima. Verás qué lejos queda del concepto cursi que he mencionado.

¿De qué hablamos aquí cuando me refiero a autoestima?

La autoestima es el sentimiento que tienes sobre ti mismo de manera general, esto es, si te valoras de una manera positiva o negativa, y, en consecuencia, si te tratas mejor o peor, si tomas decisiones que te hacen bien o mal...

En pocas palabras...
Alta autoestima = te valoras bien
Baja autoestima = te valoras mal

Y como aquí el trabajo lo vas a tener que hacer tú, que eres el protagonista, quiero que empieces este recorrido haciéndote la pregunta: en general, ¿cómo dirías que te valoras a ti mismo?

Pues esta valoración de ti mismo no te pienses que viene de la nada. Es un tema más complejo y con raíces más profundas de lo que parece. Hay varias cositas que influyen en la manera en la que te percibes.

Si la autoestima fuera un cofre y lo abrieras, te encontrarías con tres elementos unidos. El componente cognitivo (lo que conoces de ti), el componente afectivo (lo que sientes sobre ti) y el componente conductual (lo que haces). Si quisieras cambiar uno de ellos, los otros dos también se verían alterados. Así que, si deseas mejorar tu autoestima global, vas a tener que trabajar en los tres.

Pongamos un ejemplo: si Marta es consciente de que se le da bien hablar con las personas (cognitivo) se verá implicada en más situaciones sociales (conducta) y se sentirá mejor consigo misma por haber triunfado en esas interacciones (afectivo). En cambio, si no se conoce (cognitivo), no se expondrá a situaciones en las que tenga éxito ni hará cosas que no le gustan (conductual) y que quizá no se le dan bien, por lo que se sentirá mal (afectivo). ¿¿Te das cuenta?? Hay muchos factores que influyen en tu autoestima en cada pequeña acción e interacción de tu día a día. Así que no basta solo con que te digas cosas bonitas (¡que también debes decírtelas!), tienes que conocer estos tres elementos de tu cofre y darle caña a cada uno de ellos.

Como son tan importantes, vamos a conocerlos de cerca:

Componente cognitivo

Aquí están las cosas que conoces sobre ti mismo, la idea que te has creado en la cabeza de cómo eres. A esto se le llama autoconcepto y te contestaría a la respuesta de: ¿con qué atributos te asocias? Te consideras inteligente, tonto, espabilado, buena persona...

Si no te conoces bien, la autoestima puede que no esté ajustada a la realidad. A veces, las circunstancias pueden hacerte tener un autoconcepto poco realista, y esto también repercute en la forma en la que te valoras. Por ello, un punto importante para valorarte bien será que te conozcas mejor. Trabajaremos en ello, no te preocupes.

¿Crees que te conoces bien? Haz una lista de rasgos que, en tu opinión, te caracterizan.

Componente afectivo

Esto es, cómo te sientes sobre ti mismo. En esta evaluación de cómo te ves a ti mismo, estás evaluando concretamente:

La autoeficacia

Si te ves con las capacidades necesarias para hacer frente a las situaciones de la vida o no:

- ¿Te ves capaz de sacarte una carrera?
- ¿Te ves capaz de decirle a esa persona las cosas que te molestan?
- ¿Te ves capaz de irte de viaje solo?

Cómo de valioso te consideras:

- ¿Consideras que la forma en la que te ves es buena?
- ¿Crees que eres un cuadro sin valor que debes estar en el sótano de una casa guardado?
- O ¿eres una *Mona Lisa* que merece exponerse en un buen museo y que le den mucho amor?

Ya te digo yo que eres una *Mona Lisa*, solo hace falta que te des cuenta.

En este componente va a influir la forma en la que los demás te han valorado y los mensajes que has recibido. Si Ana ha visto que sus padres actúan con ella como si fuera tonta, ella interioriza que es tonta.

En el fondo todos queremos sentirnos valiosos, especiales y queridos. Pero a veces hay personas, como Ana, que no han crecido en un entorno que haya sido capaz de transmitirle ese mensaje de una manera clara, repetida y creíble, con acciones que apoyen esas palabras.

Y aunque a veces puedas pensar, joder, ¿por qué a mí? ¿Por qué no he podido crecer en un entorno que me hiciera sentir así? (y es normal que se te haya podido pasar por esa cabecita), no te dejes atrapar por ese pensamiento porque ahora sí tienes una posibilidad de tomar una decisión y hacer algo para cambiar la forma en la que te sientes contigo.

Componente conductual

Aquí está tu conducta. Lo que haces o dejas de hacer. Es la manera que tienes de autoafirmarte. Es decir, de corroborar lo que piensas sobre ti mismo.

Tus acciones te retroalimentan. Si Javier cree que no es capaz de ir a dar un paseo por el campo y, por tanto, no va, se confirma a él mismo que no es capaz. Y si se ve capaz de hacer una maratón y, por tanto, la corre, se confirma a él mismo que sí es capaz de hacerla.

En pocas palabras...
Tu conducta suele ir dirigida a buscar verificar la idea que tienes de ti mismo.

Por lo que las cosas que haces o dejas de hacer están continuamente retroalimentando tu baja autoestima.

¿Cuántas veces has dejado de hacer algo porque creías que no eras capaz de hacerlo?

¿Cuál ha sido la última vez que pensabas que no podías hacer algo y lo hiciste, así que te demostraste que sí que podías? (Esta es la manera ideal de incrementar tu autoeficacia).

¡OJO!

Ni caso a eso que se dice: «tener demasiada autoestima es malo». A veces, se confunde una buena autoestima con ser creído o tener tendencias narcisistas. La autoestima no está relacionada con sentimientos de superioridad ni perfección, que es lo que implicarían estas conductas, sino que hace referencia a la evaluación que haces de ti mismo. En ningún momento, esta evaluación alude a cómo te sientes con relación a los demás.

Así que, que no te hagan creer que, por saber lo que vales y lo que mereces, eres altivo o creído. Aquí el objetivo es caminar con confianza por la vida sabiendo lo que vales, siempre con el respeto que merecen todas las personas que tienes alrededor y nunca tratándolas como si fueran menos que tú.

2

Retrato de la autoestima

No sé si alguna vez has tenido la oportunidad de pintar un retrato de alguien, de ti mismo o de cualquier otra cosa. A mí me encantaba pintar al óleo como pasatiempo, me relajaba. Parecía que las preocupaciones se desvanecían. Supongo que el estar presente era la clave.

Lo primero que hacía era buscar una foto de alguien o de algo que me inspirara algo bonito y luego lo intentaba plasmar en el lienzo. Conforme avanzaba en el proceso: dibujarlo a lápiz, encontrar el color exacto, poner las sombras donde tocaban... empezaba a ver esa foto diferente, detectaba aspectos de los que no era consciente antes.

En pocas palabras...
Cuando focalizas tu atención en algo, en cada parte
de ese algo, comienzas a mirar con otros ojos.

Esto es lo que quiero que hagas ahora con tu autoestima. Que la sientes a posar para ti y que la empieces a mirar con mucha atención para analizar cada detalle. Pero esto va a ir incluso más allá, porque no te vas a quedar en la parte externa, en lo que se ve. Vas a fijarte en cómo se ve la autoestima por dentro también. Cómo te obliga a reaccionar, cómo hace que veas el mundo y cómo la forma en la que te relacionas con el mundo la retroalimenta.

En mi caso, he utilizado el ejemplo de dos personas que son el retrato perfecto de la baja y la alta autoestima. Al conocer su historia, las cosas que les pasaban, cómo se sentían, lo que las diferenciaba en situaciones similares, quizá te sientas identificado con cosas que a ti también te pasan y que puede que no relaciones con la autoestima. Así que según vayas leyendo sobre sus historias, pregúntate a ti mismo: ¿A mí también me pasa esto? Si estuvieras haciendo un autorretrato, ¿crees que esas características formarían parte de él? Lo bueno es que, al pintarte a ti mismo, puedes cambiar aquello que crees que no te beneficia, aquello que te impide estar donde te gustaría, que te ancla y te hace daño. Cuando lo descubres, puedes cambiar su trazo, su color, su intensidad, ese es el beneficio: que tú pintas tu autorretrato. Nada es estático e inmodificable. Las cosas que tal vez crees que te definen ahora, pueden dejar de definirte en el momento que tú decidas.

Elena y Sandra

Hace unos años conocí a dos chicas maravillosas, Elena y Sandra (nombres e historia ficticios) que eran el ejemplo perfecto de alta y baja autoestima. Voy a utilizar sus casos para trazar esos retratos de los que te hablaba. Ten presente que sus historias están estereotipadas al extremo para que se vean claros los conceptos, así que cógelas con pinzas, ya que todas esas características que forman parte de su historia pueden aparecer de forma más sutil en tu vida y no tienen que darse con la misma intensidad o todas al mismo tiempo. Además, no todo lo que voy a exponer son requisitos que se han de cumplir para tener una baja o alta autoestima, son tendencias observadas que te pueden servir para identificar las que te perjudican y potenciar las que te pueden beneficiar.

Elena era una chica de esas que ves y te inspiran. Desde el primer momento sabía que era una persona consciente de lo que valía, y siempre dejaba saber a los demás el valor que tenían también. Una de esas mujeres con luz y que hacen brillar al resto. A su alrededor me sentía bien, daba gusto estar con ella. Era un ejemplo muy claro de una alta autoestima.

Cuando conocí a Sandra me transmitió simpatía y

amabilidad. No me hizo falta mucho tiempo para percibir que tenía unos valores basados en la bondad, siempre estaba disponible para darte la mano (incluso a veces olvidándose de ella misma). Pero también observé que era el ejemplo de una autoestima muy bajita: su forma de ver las cosas, de hablar de sí misma, de comportarse... la delataban. Ahora verás en detalle por qué.

Hipersensibilidad

Un día quedé con Sandra, que justo se acababa de sacar el carnet de conducir, para que me pasara a recoger y me diera una vuelta. Teníamos que celebrar que, después de varios intentos, ¡había aprobado al fin! Cuando me subí al coche, noté que estaba muy nerviosa; normal, yo, al principio, conducía temblando hasta que le perdí el miedo.

Nos pusimos a hablar y me contó que su padre la había criticado por arrimarse demasiado al volante y que quizá le fuera mejor alejarse un poco. Que además frenaba muy de golpe y que necesitaba practicar para hacerlo un poco más despacio. Ella me lo contaba con lágrimas en los ojos. Yo no entendía nada. ¿Por qué lloraba, si lo que había hecho su padre era darle una crítica constructiva? Obviamente a ella le dolía, así que no le dije nada porque, por supuesto, no quería invalidarla.

Otro día, quedé con ella para tomar un café y la noté

triste. Al preguntarle qué le pasaba me contó que su jefe le había llamado la atención por llegar cinco minutos tarde. Pensé que le habría echado una bronca o se habría dirigido a ella en un tono amenazante. Pero al preguntarle qué le había dicho exactamente, me explicó que le había comentado que entendía que a veces nos pueden surgir imprevistos, pero que intentara ser más puntual porque era algo importante en su puesto de trabajo. Entonces me di cuenta de que tenía una de las características más reconocibles de la baja autoestima: la hipersensibilidad. Se mostraba muy sensible a la crítica.

Yo empatizaba mucho con ella porque a mí me había pasado un poco lo mismo. Cuando era pequeña era muy sensible a las críticas de los maestros. Una vez, veníamos de una excursión con el colegio. El autobús era de dos pisos y bajé un momento a la planta de abajo para ver a un amigo. Se suponía que no podíamos hacerlo, pero yo no lo sabía. Cuando la profesora me vio, me dijo: «Andrea, ¿qué haces aquí? ¡Ve para arriba ahora mismo!». Simplemente eso, una tontería, ¿verdad? Pues tuve pesadillas con ese momento durante mucho tiempo. No toleraba la crítica nada bien. Por suerte, las cosas han cambiado, pero ese sentimiento es terrible, como si atentaran contra tu persona. Sientes que tu autoestima se tambalea cada vez que alguien te hace alguna crítica.

Esa hipersensibilidad de Sandra también le hacía tener respuestas emocionales más intensas cuando fracasaba y sobregeneralizaba las consecuencias de dicho fracaso. Un día me llamó desolada. Yo me imaginé lo peor, la verdad. Me dijo: «Andrea, me acaba de pasar algo terrible. ¿Sabes el chico ese al que estaba conociendo y que me empezaba a gustar? Pues me ha dado puerta, me ha dicho que no le acabo de llenar. No le voy a gustar nunca a nadie, siempre me encuentran algún defecto». Esto era claramente un ejemplo de sobregeneralización. Que un chico no conecte contigo no significa que no vayas a conectar con nadie o que nadie te vaya a querer. La pobre Sandra sufría mucho por llegar a estas conclusiones. Y esto no era un caso aislado, sino un patrón que llevaba mostrando durante bastante tiempo y en bastantes situaciones.

También estaba siempre alerta a cualquier señal que pudiera suponer una amenaza. A la mínima que detectaba que alguien podía mostrar una señal de rechazo, las emociones le sobrepasaban.

Probablemente esta hipervigilancia era un mecanismo de protección, lo había pasado mal en el pasado. Había vivido situaciones que le dañaron mucho la autoestima, y eso le hacía estar atenta a las posibles fuentes que le podían volver a causar ese dolor. ¿Pero sabes eso de que a veces es peor el remedio que la enfermedad? Pues eso le pasaba a ella: intentando protegerse se hacía más daño.

Sandra había tenido una relación con Javi muy tóxica en el pasado. Siempre le hacía comentarios delante de su familia del estilo «calla, que siempre metes la pata». Con sus amigos, le decía «cállate, no digas tonterías» y le ponía caras cada vez que hablaba.

Eso dejó muy tocada su autoestima porque cada vez que le hacía comentarios de este tipo, le hacía sentir que no era lo suficientemente válida para dar su opinión ni hablar sin meter la pata.

Después de Javi, tuvo una relación bastante bonita y aparentemente sana. Este chico nunca soltó ningún comentario de ese estilo, pero ella, que ya estaba alerta a esas señales, a la mínima que veía alguna cosa que hacía saltar las alarmas se sentía mal y lo magnificaba. Él nunca le dijo nada negativo para que se sintiera así, pero ella lo percibía de esa manera.

¿Y tú...?

¿Te sientes identificado con Sandra? ¿Crees que podrías haber desarrollado esta hipersensibilidad que te hace ser más susceptible a las críticas? Cuando alguien te hace alguna crítica constructiva, ¿te lo tomas como un ataque a tu persona?
Piensa en la última vez que alguien te ha hecho alguna crítica constructiva y reflexiona sobre cuál fue tu reacción.

Inestabilidad

Otra cosa que vi en Sandra es que la forma en que se percibía sufría cambios muy bruscos. Dependía siempre de la situación. Cuando los demás le hacían cumplidos o le salían las cosas bien, se sentía a gusto consigo misma, podía comerse el mundo. Pero a la mínima que algo se salía de lo previsto, se regalaba comentarios bastante destructivos. Como decía antes, no toleraba la crítica demasiado bien. Y al final cómo se veía, siempre dependía de lo que le dijeran los demás... No tenía un sentido de valor interno bien marcado. Si cumplía las expectativas de los demás, bien, pero a la que algo fallaba, todo se venía abajo.

Otra cosa que le afectaba mucho a esa inestabilidad que caracterizaba su autoestima era que no confiaba en sus propios juicios y opiniones. Si yo le decía que ese día iba vestida guapísima, se sentía bien, pero si no le decía nada, ya me empezaba a preguntar si no me gustaba lo que se había puesto, si me parecía hortera, si le quedaba mal... Lo que decía, estaba a merced de los demás. El cómo se sentía dependía más de los demás que de ella. Sus sentimientos y pensamientos siempre estaban en un segundo plano porque estaba más pendiente de su alrededor.

En cambio, con Elena pasaba todo lo contrario. Valoraba mucho lo que le decían, a todos nos gusta que nos refuercen, pero su valor no disminuía si los demás no le decían lo guapa que iba. O si le hacían alguna crítica constructiva sobre las cosas en las que se había equivocado. Todos tenemos días mejores y peores, pero nuestro valor no está en manos de nadie. Elena era más introspectiva, prestaba más atención a lo que ella quería y sentía que a lo que pudieran estar pensando y sintiendo los demás sobre ella.

Imagen corporal

Sandra, cuando se miraba al espejo, no se odiaba, pero tampoco se gustaba. No se sentía segura en su cuerpo. Un verano nos fuimos de vacaciones a Menorca, y ella estaba tensa, yo no la veía disfrutar del todo. Notaba que había algo que la incomodaba, sobre todo antes de salir de casa, al ponerse el bikini y mirarse en el espejo. Y tuvimos la siguiente conversación:

—Sandra, ¿estás bien? ¿Estás preocupada por algo? Te veo triste cuando te miras en el espejo.

—Sí... me siento insegura, estoy bastante incómoda con mi cuerpo, la verdad —me respondió, con tono de desesperación.

—Y... ¿por qué crees que te sientes así?

—Es que, Andrea... el cuerpo no es algo que se pueda esconder, está ahí disponible siempre para que los demás lo juzguen. Y supongo que esa falta de control es lo que me hace sentir aún más insegura. Cuando me siento tonta, lo puedo disimular en cierta medida. Pero el cuerpo no lo puedo disimular. Y eso empeora en los días de playa.

Sandra definió perfectamente el porqué de que la imagen corporal sea uno de los factores que más peso tienen sobre nuestro autoconcepto: siempre está ahí a la vista de todos.

—Estás estupenda, Sandra, no necesitas esconder nada porque todos los cuerpos son maravillosos tal y como son —le dije, sabiendo que cuando piensas así pocas cosas que te digan van a hacerte cambiar de opinión. Yo había pasado por un trastorno de alimentación y sabía muy bien lo que estaba sintiendo, pero aun así me daba rabia ver a mi amiga sentirse mal cuando yo la veía preciosa, por dentro y por fuera.

—Gracias... Pero es tan difícil pensar así cuando lo único que veo en las redes desde hace tiempo son chicas delgadas, con piel y facciones perfectas. Son las que todo el mundo alaba, las que parecen gustar a todos. Y después de tener constantemente estos *inputs* en TikTok, Instagram, Pinterest, TV... me cuesta sentirme segura si no me acerco a ese ideal.

—Ya, te entiendo. Tal vez parezca imposible, pero puedes reconciliarte con tu cuerpo y estar bien en él, aunque los mensajes que recibas sean negativos.

—Ya —me dijo con la mirada fija en el espejo.

—Igual necesitas trabajar en la forma en que te miras y, sobre todo, en conocerte. ¿Sabías que las personas que tienen una identidad mejor definida y se conocen bien son menos susceptibles a los mensajes externos? En cambio, las personas que no tienen muy clara su identidad buscan fuentes externas que ayuden a definirse. Puede que no sea tu caso, pero estoy segura de que cuanto más trabajes en conocerte a ti, menos te afectarán estos mensajes.

Nada más decir esto, pensé que a lo mejor me había pasado de lista, que no debía entrometerme tanto. Me daba miedo su reacción.

—Quizá tengas razón... No sé. En mi casa también se le ha dado mucho valor a nuestro físico. Mi madre siempre me hacía comentarios del tipo «has engordado un poco, tendrás que ponerte a dieta». Tal vez haya basado demasiado mi valor en cómo que me veo.

—Definitivamente eso seguro que te ha influenciado. Ains, mi Sandra... —le dije y la abracé.

¿Y tú...?

¿Te sientes identificado con Sandra? ¿Crees que los estímulos que recibes de las redes sociales influyen mucho en si te gusta o no lo que ves en el espejo? ¿Crees que tienes una identidad bien definida? ¿Te conoces bien? ¿Puede que estés buscando definirte según lo que ves que está bien en las redes o en tu entorno? ¿Recibías mensajes cuando eras pequeño que te hacían basar tu valor en tu físico?

Confianza en uno mismo

Otra cosa que también noté en Sandra y que a veces me producía bastante impotencia era que, cuando le salía algo bien, casi siempre decía: «¡Qué suerte he tenido!». Y no solo eran palabras. Realmente pensaba que las cosas buenas que le pasaban no se debían a sus capacidades, sino a que algo colateral le había beneficiado.

Un ejemplo de ello es que en el trabajo en el que estaba ya no se sentía muy bien, así que decidió que debía buscar otro trabajo. Envió mil currículums y se implicó un montón en la búsqueda, pero no trataba de contactar con las empresas grandes que a ella siempre le habían llamado la atención. Le pregunté que por qué no les enviaba el currículum también, a lo que me contestó que no tenía las capacidades necesarias. Como yo no estaba de acuerdo, le obligué un poco a que lo hiciera. Así que delante de mí envió currículums a esas empresas que ella creía que eran inalcanzables.

Transcurridos dos meses sin que nadie le llamara... ¡sorpresa!, la contactó una de esas empresas que tanto le gustaba. Era el puesto perfecto, pero ella sabía que era una empresa muy grande y que no iba a ser fácil que la cogieran. Por lo que no tenía nada de esperanza, y menos con lo poco que confiaba en sus propias capacidades.

Pues... después de pasar meses dentro del proceso de selección, de hacer mil pruebas y mil entrevistas, le dijeron ¡¡que la habían seleccionado!! Y va ella y me dice:

«Andrea, qué SUERTE he tenido de que me hayan cogido». Y no, no era una forma de hablar. Literalmente pensaba que había sido suerte. Claro, yo como amiga la quería matar. ¿¿Cómo podía decirme que había sido todo suerte?? Si ella tenía todas y cada una de las capacidades necesarias para que la cogieran, y precisamente por eso la seleccionaron.

Todos sabemos que siempre un pequeño factor suerte entra en juego muchas veces, pero supongo que ves a lo que me refiero, ¿no? Probablemente ella nunca se hubiera presentado a una oportunidad así porque no se creía capaz.

¿Y tú...?

¿Sueles asociar las cosas buenas que te pasan a la suerte? Piensa en cosas buenas que hayas conseguido en el pasado. ¿Pensaste que lo habías conseguido gracias a tus capacidades y habilidades? ¿O le quitabas valor a lo que habías conseguido o lo atribuías a que se habían alineado los astros? ¿Confías en ti y en tus capacidades?

Autorrealización

Elena no se replanteaba tanto su valor, sabía que lo tenía, y ya. No necesitaba focalizarse en él, ni hacer nada para protegerlo. Se centraba en seguir creciendo, en desarrollarse, en ponerse al límite para descubrir y ejercitar sus capacidades.

Me di cuenta de esto un día que tuve una conversación con ella:

—Tía, te veo siempre supersegura de ti misma. Te veo con una autoestima tan buena que me das envidia. ¿Nunca dudas de ti misma? —le pregunté con admiración.

—Jo, gracias. A ver... todos somos humanos, no siempre me siento tan segura de mí misma en todo, pero yo sé mi valor y por eso ni me lo cuestiono. Supongo que el estar siempre desarrollándome y buscando avanzar también me reafirma en que claro que tengo valor.

Justo una de las cosas que caracteriza a las personas con buena autoestima es buscar siempre actualizarse, pero no para demostrarse que tienen valor, eso ya lo tienen claro, sino para seguir desarrollándose y creciendo personalmente. En Sandra, en cambio, veía lo contrario. Estaba tan obsesionada con protegerse de las amenazas que no podía focalizarse en su potencial desarrollo. Mientras que Sandra estaba concentrada en aumentar su motivación, Elena quería llevarla al máximo.

> **¿Y tú...?**
>
> ¿Eres consciente de tu valor o te lo replanteas constantemente? ¿Estás intentando autorrealizarte trabajando en llegar a tu potencial? ¿O estás ocupado protegiéndote de las amenazas?

Autorregulación

No sé si conoces el famoso estudio que hizo Mischel hace unos cincuenta años en niños, lo llamaron el test Marshmallow. Consistía en que a un niño le ponían delante una golosina y le decían que, si no se la comía mientras el experimentador se iba, cuando volviera tendría aún más golosinas. Lo que estaban estudiando aquí era la demora de la gratificación. Es decir, si el niño prefería un placer inmediato (comerse una golosina en ese mismo instante) o era capaz de tener en cuenta que, si esperaba un poco, la recompensa iba a ser mayor (esperar y comer más golosinas después).

Esta capacidad de autocontrolarse también es una habilidad característica de las personas con alta autoestima. Y Elena también la tenía. Eso era precisamente lo que le permitía llegar a cumplir sus objetivos y no desviarse nunca mucho del camino. La cosa también es... que ella se conocía bien. Sabía perfectamente sus habilidades y se ponía objetivos realistas. Cada día tomaba decisiones encaminadas hacia esa meta. Y por ello, no solo demoraba el refuerzo, sino que de tanto en tanto se cuestionaba si sus acciones la estaban llevando por el camino correcto. Y si no era así, se autorregulaba y meditaba sobre qué cosas debía cambiar o mejorar, qué obstáculos impedían que avanzara.

Al poco de conocer a Elena, me compartió que su objetivo a largo plazo era abrir una floristería, pero no cualquier floristería, quería ofrecer subscripciones anuales para que quien quisiera pudiera recibir flores cada cuanto quisiera con entregas programadas. Era una idea que yo no había escuchado nunca, me pareció maravillosa. A mí, que también me encantan las flores, me encantó.

Cuando me lo dijo, aún estaba lejos de cumplir el objetivo: no tenía suficiente dinero ni conocimientos para hacerlo. Pero me enseñó una libreta en la que había apuntado todos los pequeños pasos que debía seguir para llegar a su objetivo. En ese momento, su primera meta era trabajar en una floristería para aprender sobre flores al mismo tiempo que ir ahorrando.

La búsqueda de trabajo no fue fácil. Le salían empleos en los que podría haber ganado mucho más dinero que en una floristería, pero demoró la gratificación, los rechazó. Preguntó en todas las floristerías de Barcelona y alrededores. Sabía que eso era lo que le acercaría más a su objetivo.

Por fin, encontró trabajo en una floristería. Estuvo todo un año allí, pero después de esos meses, vio que no estaba avanzando mucho en su camino hacia el objetivo. Había aprendido muchísimo de flores, pero no había podido ahorrar mucho ni tenía los conocimientos sobre cómo crear y gestionar una empresa. Así que reevaluó: ¿Qué podía hacer para ganar más dinero y aprender todo sobre el proceso de creación de una empresa? ¿Podría alguien de su entorno ayudarla económicamente? Pensó en todas las opciones posibles y se marcó nuevos objetivos que le acercaran un poco más a su meta.

Fue repitiendo este proceso hasta que, al cabo de cuatro años, pudo abrir su floristería, y fue un éxito. Tenía una visión muy clara, sabía que tenía las capacidades necesarias y fue pasito a pasito hasta llegar adonde ahora está.

En el camino se equivocó varias veces. Al principio, la floristería estuvo meses teniendo pérdidas. Pero ella no atribuía el fracaso a que no poseyera las capacidades necesarias para tener la empresa ni a que no valiera lo suficiente. Eso nunca lo contempló. Ella me decía que muchos factores externos podían influir. Así que lo seguiría intentando. Hasta que triunfó.

Sandra, por su parte, también tenía algunos sueños, pero se quedaban en sueños. Cuando la conocí —aún estaba en la uni— me habló alguna vez de los proyectos que le hubiese gustado llevar a cabo si hubiera tenido las capacidades necesarias. Con el que más le brillaban los ojos era con abrir una consultoría de marketing. Era un objetivo ambicioso, pero no imposible, desde luego.

Fueron pasando los años, y no me volvió a hablar del tema. Así que un día le pregunté si aún tenía esa idea en mente, y me contestó que no, que era imposible, que no iba a poder llevarlo nunca a cabo porque para eso se necesitaban unos conocimientos que ella no tenía y que, a ver, no le iba a salir bien nunca en la vida. Que ahora sus objetivos eran más humildes, tener un trabajo e ir viviendo.

No había nada de malo en eso, cada uno tiene su manera de vivir. Pero estaba claro que ponerse menos retos significaba tener menos éxitos. Ella intentaba no fracasar, pero eso también implicaba no progresar. Se autosaboteaba constantemente o se ponía excusas.

¿Y tú...?

¿Eres capaz de ponerte objetivos realistas y cumplirlos? ¿Reevalúas de tanto en tanto si tus acciones te están llevando a tu destino final? ¿Priorizas la gratificación futura? ¿Eres capaz de decir que no a un premio inmediato si sabes que, si no lo aceptas, puedes optar a un premio mejor? ¿Realmente eres consciente de tus habilidades y competencias?

Comparación

Una vez Sandra me hizo una confesión:

—Andrea, me da vergüenza reconocerte esto porque parece de mala persona, pero en el trabajo siempre pienso que hay una compañera que lo hace peor que yo, que se equivoca más, y eso me hace sentir un poco mejor —me dijo, expectante, a ver cuál era mi reacción.

—Tía, no pasa nada, no te sientas mal, a veces pasa

—le contesté, sin pensar en ese momento que era algo común en personas con baja autoestima.

Más tarde, cuando acabé la carrera y el máster y empecé a profundizar en mis conocimientos sobre autoestima, me di cuenta de que eso era algo muy común en personas con baja autoestima. Y no solo en el entorno laboral, sino en múltiples situaciones de la vida. Su reflexión era una forma de intentar sentirse un poco mejor con ella misma, consciente de que su autoconcepto era negativo.

En Elena noté lo contrario. Un día, paseando por la playa, estábamos teniendo una conversación de esas profundas sobre la vida. En un momento concreto, salió el tema de que a veces nos machacamos mucho comparándonos con los demás. Me dijo que solía compararse con personas a las que les iba un poco mejor que a ella, pero no para flagelarse, sino para inspirarse, para pensar qué cosas podía aprender de ellas. Y que, claro, siempre lo hacía con gente que creía que compartía los mismos valores y a la que le tenía cierta admiración.

No es que lo que hacía Sandra fuese malo, ni era nada de lo que tuviera que avergonzarse ni sentir culpa por ello. Pero podemos contemplar ambas perspectivas de la siguiente manera: si detectas que a menudo te comparas con personas que consideras que están «peor» que tú, eso es señal de que necesitas trabajar ese autoconcepto negativo. Porque compararte podrá aliviar momentáneamente ese sentimiento, pero no te hará sentir más capaz a largo plazo.

Dicho de otro modo, compararte con personas a las

que consideras que les va «mejor que a ti» de una manera positiva te puede servir de inspiración. En lugar de sentir inseguridad por pensar que eres peor, o envidia o tristeza, lo enfocas desde «¿qué puedo aprender de esta persona?».

¿Y tú...?

¿Crees que utilizas a menudo la estrategia de compararte con personas a las que «les va peor»? Cuándo te comparas con personas a las que les «va mejor que a ti», ¿cómo te sientes? ¿Cómo lo enfocas? ¿Te sientes mal contigo mismo por no estar en el punto en el que está esa persona o lo utilizas como fuente de información?

Pesimismo

Sandra vivía según la ley de Murphy: si algo podía salir mal, iba a salir mal. Algunos de los comentarios que me decía eran del estilo: «Si hablo en la reunión, seguro que meto la pata y mi jefe piensa que soy tonta», «Si vuelvo a quedar con otro tío, seguro que me deja tirada en la segunda cita», «Seguro que cuando me vaya de vacaciones, hace mal tiempo», «Para qué voy a ir al médico si me va a decir que no tengo nada...».

Todos tenemos pensamientos pesimistas de tanto en tanto, pero cuando estos se vuelven constantes y generalizados, nos impiden exponernos a muchas situaciones solo porque pensamos que «para qué voy a hacer eso, ir a ese sitio..., si va a salir mal». Y ya sabes, el exponerme menos a situaciones implica también no vivir experiencias positivas y eso repercute tanto en mi estado de ánimo como en la visión que tengo de mí mismo como persona capaz de cumplir determinados objetivos.

> **¿Y tú...?**
>
> ¿Crees que utilizas la ley de Murphy con mucha frecuencia en el día a día? ¿Cuántas cosas has dejado de hacer este último mes por pensar que no merecía la pena hacerlo porque no ibas a ser capaz o te iba a salir mal? ¿Consideras que este pensamiento te está privando de experimentar situaciones? La próxima vez que te descubras pensando así, pregúntate: ¿Realmente estoy haciendo una estimación realista de lo que puede pasar? ¿Realmente no me va a salir bien el examen o no voy a estar a la altura en la reunión porque no tengo las capacidades, o me estoy autosaboteando sin ninguna prueba?

SEGUNDA PARTE

Tu historia importa (y mucho)

3

Tu vida

Siempre me gustó la asignatura de Historia en el colegio; me apasionaba conocer más sobre lo que nos ha precedido culturalmente. Consideraba que era importante para comprendernos, tanto a nivel social como personal, y para inspirarnos con acontecimientos o figuras relevantes que de alguna manera cambiaron el mundo.

Algo curioso es que, mirando hacia atrás, te das cuenta de que los problemas de autoestima han estado presentes desde siempre. Incluso muchas de las personas que han conseguido hacer historia y se han convertido en referentes culturales pasaron por etapas en las que dudaron sobre ellos mismos.

Se dice que Leonardo da Vinci era conocido por dejar muchas de sus obras a medias, incluso se negó a entregar la *Mona Lisa* a la persona que se la encargó porque decía que no estaba terminada. Tardó años en decidirse a retomar el trabajo y acabarla. ¿Te imaginas? Da Vinci creía que uno de los cuadros más valorados a nivel mundial no estaba lo suficientemente bien. Hasta que un rey decidió darle valor y comprarla, hasta el propio autor desprestigiaba el retrato.

Conocer la historia te permite reconocer la vulnerabilidad humana, entender el porqué de las cosas que suceden a día de hoy y cómo enfocarlas de una manera mejor. Cuando se dice que la historia siempre se repite es porque no aprendemos de ella, no la utilizamos como fuente de información valiosa.

En realidad, con tu propia historia pasa lo mismo: tienes que mirar atrás para entender qué cosas moldearon tus ojos para que hoy en día mires de la forma en que lo haces, te relaciones de la manera en que lo haces y te hables del modo en que lo haces. Y que te permitas también tener compasión por las dificultades que tienes a día de hoy.

En pocas palabras...

Para actuar sobre algo, hay que entender la raíz de ese algo. Si no, nos estaremos quedando en intervenciones superficiales.

Así que vamos a empezar este recorrido desde el principio de los tiempos. O más bien, desde el principio de tu vida. Ya te digo que lo que viene a continuación es una generalización de lo que pasa en la infancia, adolescencia y edad adulta, pero, a fin de cuentas, y te guste o no, somos todos más parecidos de lo que crees, así que es posible que te reconozcas fácilmente en lo que te cuento.

Infancia

Érase una vez... había un niño o niña muy pequeños. Tú. En ese entonces, aunque no te acuerdes, me juego un dedo del pie a que tenías una autoestima bastante alta. Te veías capaz de casi todo, digamos que... tenías una visión de ti un tanto irreal. Seguro que pensabas que podías dibujar un retrato de tus padres sin dudarlo ni un segundo. Agarrabas el lápiz, y manos a la obra. Si ahora lo vieras... creerías que vaya monigote. Pero en ese momento era un trabajo excelente a tus ojos.

Conforme te hacías un poco más mayor (solo un poco), fuiste desarrollando habilidades cognitivas que te permitían evaluarte de manera más realista. Empezaste a entender los mensajes que te transmitían los demás, a fijarte en lo que hacían y cómo se veían las personas de tu alrededor, y entonces aparecieron también las comparaciones.

Así que, por culpa del desarrollo de esa visión más

realista, dejaste de verte tan capaz de todo. Empezaste a fijarte en si se te daban mejor o peor las mates, si el profe de educación física te decía que no valías para el deporte, si tu gente te hacía comentarios sobre tu físico.

Así que hacia el final de esa etapa como niño/niña, tu autoestima era menos buena. Dependiendo de los mensajes que recibías de tu entorno, tu autoestima bajó más o menos. Pero algo bajó.

Piensa en ti cuando eras niño...
¿Recuerdas algunos de los mensajes que recibías? ¿Quizá los que te hacían sentir muy triste o muy contento?

Adolescencia

Y creciste. Empezaste a desarrollarte, ya no eras un niño/niña. Entramos de lleno en la etapa complicada. LA ADOLESCENCIA. Pocos se salvan, ¿verdad? Y esta, me juego el dedo pequeño del otro pie, fue la época en la que tuviste la autoestima más bajita.

Se originaron cambios en tu cuerpo con los que no te reconocías y, además, le empezaste a dar un poco más al coco: «¿Quién soy?», «¿Qué lugar quiero llegar a ocupar en este mundo?».

Te dabas cuenta de las veces que te equivocabas y lo que conllevaba eso. Eras consciente de las expectativas que ponían sobre en ti y que tal vez pensaras que no llegarías a cumplir. Quizá tus padres te insistían en que tenías que sacar buenas notas, y casi todos sus comentarios se referían a lo bien o mal que lo hacías en el instituto. En ese caso puede que te volvieras un perfeccionista a nivel académico, porque tu identidad la basaste sobre todo en el refuerzo que recibías cuando sacabas buenas notas.

> **Piensa en ti** cuando eras adolescente...
> ¿Recuerdas los castigos y refuerzos que más recibías? ¿Sobre qué cosas te felicitaban a menudo? ¿Qué cosas te decían o hacían tus compañeros a las que le dabas mucha importancia? ¿Qué cosas te hacían sentir especialmente triste o contento?

Adultez

Y seguramente, ahora ya estás en tu edad adulta/joven adulta. Ha sido todo un viaje, ¿cierto? Es probable que tu autoestima haya mejorado algo en comparación a tu «yo» adolescente. Pero no cantes victoria porque, aunque sea un poco mejor, las expectativas que te creaste en las anteriores etapas de tu vida continúan condicionando tu autoestima a día de hoy. Así que puede que aparentemente la tapes, por ejemplo, siendo «perfeccionista», porque eso te hace sentir que tienes valor. Pero basta un fallo para que se desvele la fragilidad de tu tapadera.

Por tanto, si dejas que esas expectativas y creencias que tienes sobre ti sigan campando a sus anchas, sin prestarles un poco de atención, tu autoestima siempre será frágil. Pero si quieres trabajar en hacer un poco de introspección y pasar por algunos momentos incómodos, aquí estoy para ayudarte. No va a ser la tarea más fácil, pero quiero volver a repetirte, que, si cambias tu autoestima, cambias tu vida, de modo que va a merecer la pena.

4

Dime los estímulos que recibías y te diré quién eres

Y continuamos con tu historia, pero vamos a ir profundizando un poquito más.

Como has visto, el modo en el que te trataban en tu infancia y los estímulos que recibías fueron determinantes en la manera en que empezaste a valorarte. Eras un receptor constante de *inputs* que se iban incorporando en tu ordenador (tu cerebro). Este ya tenía unos archivos base (tu genética) y las personas que podían acceder a ellos, como tu familia, tus profesores, tus amigos, les fueron agregando más información. Al mismo tiempo, tú también les añadías más datos mediante tus vivencias (tus logros, tus fracasos), por lo que tu ordenador era un constante flujo e interacción de toda esa información:

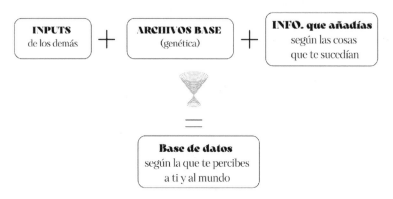

Vamos a ver qué tipo de *inputs* pudieron afectar negativamente a tu autoestima. Pero antes... déjame recordarte que el objetivo de ser consciente de todos los factores que pueden haber contribuido a que tengas una baja autoestima es que ENTENDER por qué eres como eres siempre produce cierta sensación de alivio. Y no cabe duda de que no hay nada más poderoso que el conocimiento, sobre todo el de uno mismo.

¿Y tú...?

Antes de que te diga yo cuáles son los *inputs* que tuvieron un mayor impacto sobre tu autoestima...
¿Qué cosas te dice tu intuición que pudieron tener más peso sobre la forma en la que te valoras y comportas?

Apoyo

Necesitas sentirte apoyado, de hecho, todos lo necesitamos. Y cuando eras niño, aún lo necesitabas más. El apoyo de los demás era la semillita de la confianza que ibas a desarrollar en ti mismo.

En el momento en el que empezabas a experimentar el mundo, a entender qué cosas estaban bien y qué cosas estaban mal, necesitabas que las personas de tu entorno estuvieran ahí para acompañarte y darte un buen feedback. Y si no lo hicieron, tu pensamiento probablemente fuera: «Si no me apoyan ellos, ¿quién me va a apoyar?, ¿cómo voy a confiar en mí si veo que las personas que me quieren no lo hacen?».

Pero, y si tenías apoyo... ¿pero solo a ratos? Pues resulta que eso no es suficiente. No importa que recibas apoyo, si es condicional va a tener una repercusión negativa en tu autoestima.

Apoyo condicional significa que solo te dan apoyo si cumples los estándares de los demás. Por ejemplo, si tus padres solo te apoyan si juegas en el equipo de básquet en el que tu madre quiere que juegues, pero cuando decides apuntarte a baile, no te hacen caso porque no es algo relevante para ellos.

En cambio, con el apoyo incondicional te sientes amado y valorado sin importar cómo eres ni si cumples las expectativas o no de los demás.

En pocas palabras...

Si te apoyaban, pero solo a ratos, apoyaban tus conductas, pero no a ti como persona.

¿Y tú...?

¿Crees que recibiste apoyo incondicional? ¿O solo te apoyaban ciertas conductas?

Aceptación

La aceptación de tus padres o cuidadores también fue crucial en el desarrollo de tu autoestima. Y cuando hablo de aceptación, me refiero a que supieran ver tanto tus fortalezas como tus debilidades. Si percibían y tenían en cuenta tanto tus fortalezas como tus debilidades, pudieron guiarte, enfocar tu vida de manera que se adecuara a ti, atendiendo a tus habilidades, preferencias, competencias, intereses... Por ejemplo, los padres de Samantha se dieron cuenta de que su hija tenía una habilidad por contar cosas. Todo el tiempo les explicaba historias que se imaginaba. Y lo cierto es que se le daba bien transmitir la esencia de los relatos. En un primer momento pensaron en apuntarla a teatro porque a su madre le encantaba el teatro y les parecía que la niña podría ser muy buena en eso también. Pero vieron que a Samantha no le gustaba nada hablar en público. No lo disfrutaba. Su habilidad comunicativa no era tan buena delante de desconocidos. Teniendo en cuenta ambas cosas la animaron a que escribiera y la apuntaron a un curso de escritura, cosa que a Samantha le encantó y encima se le daba genial.

La madre de Samantha podría haberla obligado a hacer teatro, negarse a admitir sus verdaderas fortalezas y limitaciones. Pero en lugar de eso, la aceptaron y le mostraron que debía hacer lo que le gustaba y le llenaba.

Si cuando eras niño, al contrario que Samantha, no te sentiste aceptado tal y como eras, con tus limitaciones y fortalezas, es posible que te valoraras en función de los mensajes que recibías de los demás. Que aprendieras que solo eras válido en determinadas circunstancias («Tengo valor porque mi amigo me ha dicho que hoy he jugado un buen partido de ping-pong»), en lugar de basar tu valor en las cualidades que tienes, lo mucho que te has esforzado y lo bien que te hace sentir. Como sería pensar «soy válido porque tengo las cualidades necesarias, me he esforzado un montón y me ha salido bien el partido».

¿Y tú...?

Mirando hacia atrás, ¿sentías que te aceptaban con tus fortalezas y debilidades?

Estándares

Cuando eras niño necesitabas que te limitasen, que te dijeran lo que estaba bien y lo que estaba mal, unos estándares según los que orientar tu conducta. Eso sí, sin pasarse. Tanto si te pusieron unos estándares demasiado altos, como si no te pusieron ninguno, esto pudo afectar a tu autoestima negativamente.

Si te decían que tenías que ir arregladísimo y decente a clase, probablemente te obsesionaras con que siempre debías ir «perfecto» a todos los sitios. Y eso no es un estándar ideal, es inflexible y rígido. A la que te sales de ahí, mal.

Tener un estándar tan inflexible puede afectar tu autoestima negativamente porque en el momento en el que no eres capaz de cumplirlo sientes que pierdes valor.

En cambio, si lo que te decían era que tenías que ir presentable, pero sin llegar a estar perfecto siempre, porque eso no es posible ni realista, esto te permitía adoptar la flexibilidad de entender que somos humanos y no podemos ir perfectos siempre, pero que un mínimo de aseo y presentación es necesario.

En el caso de que nunca te pusieran una guía, es posible que anduvieras un poco perdido en la vida e incluso te mostraras impulsivo. Eso pudo llegar a ser destructivo para ti a largo plazo porque quizá fuiste dando bandazos sin tener una buena noción de qué debías hacer.

En pocas palabras...

Lo ideal hubiera sido que tus padres o cuidadores promovieran unas reglas bien definidas que te permitiesen tomar decisiones de una manera clara, sin confusión. Así habrías podido entender qué cosas estás haciendo bien y por dónde debías continuar.

Pero lo más importante es que tú ahora puedes establecer tus estándares ideales, modificando las reglas inflexibles que tienes o poniéndote unas claras y flexibles, si no las tienes, que te permitan dirigir tu vida de una manera sana. Lo veremos más adelante.

¿Y tú...?

¿Crees que tus padres te pusieron unos estándares claros y flexibles para guiar tu conducta? ¿Te sentías perdido? ¿Te parecían unas reglas muy rígidas que no podías cumplir?

Modelado

Las personas de tu entorno siempre han sido tus modelos. Han desfilado por la pasarela para ti desde que tienes uso de razón. Has observado en ellos conductas y las has repetido una y otra vez. Creándote así un patrón de comportamiento que pasó a formar parte de ti.

Si veías a tus padres afrontar las dificultades de la vida de una manera honesta, retadora y abierta, te estaban enseñando a resolver los problemas de una forma sana, sin que dañaras tu autoestima en el camino al ver que no podías afrontar los problemas con éxito. Por ejemplo, si veías que tus padres cada vez que tenían un problema lo evitaban y la bola cada vez se hacía más grande y más grande, contigo probablemente hicieran lo mismo. Y esa fue la estrategia de solución de problemas que te enseñaron, la evitación.

Así que si observas a las personas que han estado a tu lado desde que tienes uso de razón, es posible que identifiques en ellos estrategias de afrontamiento que tú también utilizas, y puede que no sean las más sanas.

¿Y tú...?

¿Veías a tus padres afrontar las dificultades de una manera sana o detectabas que las evitaban, mentían, las negaban?

Situaciones de abuso

Si has estado expuesto a situaciones traumáticas de cualquier tipo, y en cualquier entorno, también es probable que tu autoestima se haya visto afectada.

Estar expuesto a situaciones de constante abuso puede hacer que te preguntes: «¿Qué hay de malo en mí para que me hagan esto siempre las mismas personas?», y que te busques «debilidades» o «defectos» por los que crees que mereces eso que te está pasando.

Y ya no solo te afectan los mensajes negativos que recibes y que asumes como ciertos, sino que encima te consideras culpable porque piensas que mereces todo lo malo que te sucede. Este tipo de situaciones pueden hacerte sentir completamente vacío, sin valor y merecedor de todo lo malo.

¿Y tú...?

¿Viviste alguna situación traumática en la que estuvieras expuesto a desprecios o mensajes negativos hacia tu persona?

5

El apego

Las farolas de mi calle siempre se encienden a la misma hora en invierno y a la misma hora en verano. Desde que vivo aquí —lo que viene a ser toda mi vida— han estado ahí alumbrándome todas las noches: cuando volvía del colegio, de trabajar, de fiesta, de quedar con mis amigos, de regreso a casa después de un viaje, yendo a coger un avión de madrugada...

Un día estas farolas no se encendieron. Era una noche de verano, volvía a casa al salir del trabajo. Mi calle, que es larguísima, estaba oscura y vacía. Era tarde, en ese entonces yo trabajaba en una tienda de ropa, y entre que se cerraba, salíamos y llegaba andando a casa eran ya las once. Un día entre semana, en una ciudad pequeña, era esperable que no se escuchara ni un alma. Total, que cuando vi esa calle completamente negra y sin nadie andando por ella, se me hizo un nudo en el estómago. Tuve miedo. Sentía que me perseguían, que me podía encontrar a alguien en cualquier esquina. La paranoia iba aumentando a cada paso. Era la primera vez en toda mi vida que fallaban esas luces. Estaba sorprendida. Pero bueno, pasé el mal trago como pude, hice un *sprint* y llegué a mi casa sana y salva.

¿Qué habría pasado si esas farolas nunca se hubieran encendido antes en mi vida? Que no habría esperado que se encendieran ese día, tendría mis estrategias para pasar ese recorrido sin miedo, o me habría buscado una ruta alternativa para evitar pasar miedo. Habría pensado también que quizá mi calle no era lo suficiente importante para que el responsable de gestionar el alumbrado le destinase los recursos necesarios. Así que habría interiorizado que no tiene el suficiente valor para ser alumbrada.

¿Y si se hubieran encendido antes, pero solo a veces? Habría ido con la incertidumbre de: ¿Y si hoy no se encienden? ¿Y si hoy se me olvida la linterna? ¿Y si hoy no me pueden coger el teléfono mientras voy andando por allí y tengo miedo? No sabría qué esperar y eso me produciría miedo, inseguridad.

¿Y si de repente empezaran a fallar ahora?, después de tanto tiempo estando iluminándome sin fallarme. Pues que sentiría la incertidumbre también y la ansiedad de no saber qué esperar. Tal vez habría intentado reclamar al ayuntamiento que revisaran qué estaba sucediendo. Pero si con el tiempo el problema se hubiese mantenido, supongo que me daría por vencida y pensaría que no se consideraba algo importante.

Y no solo eso. Cuando empiezas a ver las farolas como figuras inestables, ausentes e impredecibles, puede que empieces a ver a todas las farolas de las calles por las que pasas a menudo de esa misma forma. Y los miedos no se queden en tu calle, sino que se generalicen a las otras. Así que empiezas a ir por las calles importantes con cautela o miedo, o evitas tomar siempre las mismas rutas o pasar por las mismas calles.

Las farolas, las personas que te cuidaron

Lo mismo que pasa con las farolas, con ese alumbrado del camino, pasa con el vínculo que creaste con tus padres. La forma en la que se comportaron contigo, en la que te trataron, te hizo crear unas expectativas sobre lo que debías esperar de ellos y de las futuras relaciones con los demás.

Según ese vínculo, interiorizaste también el valor que tenías, conforme al que te daban. Igual que con las calles, si ves que no les destinan recursos, que no las valoran, aprendes qué es lo que debes esperar porque es el valor que tienes.

A ese vínculo, el tipo de relación de afecto que desarrollaste con tus padres o cuidadores se le llama «apego», y existen tres tendencias de apegarse: evitativa, ansiosa y segura. Te adelanto que el apego beneficioso para ti es el seguro. Es al que, sin importar el que tengas ahora, debes aspirar para tener buenas relaciones, estar bien y en paz contigo.

En pocas palabras...

Según la manera de vincularte con tus padres o cuidadores, generaste unas expectativas sobre qué esperar de las relaciones de afecto en pareja, de cómo comportarte en estas y de qué valor tienes.

Estas tendencias de relacionarte se suelen repetir a lo largo de toda la vida si no eres consciente de ellas y pueden estar retroalimentando tu baja autoestima y haciéndote sentir poco querido y digno de amor. Así que en este apartado te voy a pedir que estés abierto a mirar al pasado y al presente para entender la forma que tienes de relacionarte afectivamente y que tomes consciencia de cómo esto puede haber afectado a tu autoestima y evitar que siga haciéndolo.

Si sigues yendo por las calles con miedo, tomando medidas para evitar la ansiedad o no pasar por las mismas calles, nunca vas a sentirte bien en tu propia ciudad. En tu propio barrio. Vas a vivir con miedo y retroalimentando que no vales nada.

De la misma forma, si sigues abordando las relaciones con miedo a que te abandonen o forzándote a no crear vínculos por miedo a que te hagan daño, estás retroalimentando tu creencia de que no mereces ser amado o que no puedes tener lazos significativos.

El origen

El primer paso es detectar qué tipo de apego tienes y entender qué implica, qué lo define y exactamente por qué sucede.

Comprender por qué te relacionas de la manera en que lo haces te proporciona alivio porque alcanzas a entender el malestar que has sentido hasta ahora, de por qué tus relaciones no han ido bien y por qué sigues sin encontrarte a gusto en ellas, como si no fueras suficiente.

Si tus padres o cuidadores se comportaron contigo de manera cercana y respondieron a tus necesidades, desarrollaste un sentido de seguridad. Tenías la certeza de que no importaba lo que pasara, que iban a estar ahí disponibles siempre, las luces siempre estarían encendidas.

Eso te permitió explorar tu entorno y enfrentarte a las relaciones con una dinámica saludable. Es decir, caminabas por la calle mirando a tu alrededor sin miedo.

Este apego se generó a partir de muchas interacciones repetidas, no generas miedo justo porque un día no se enciendan las farolas. Detectaste patrones en ellos, en la forma en la que se relacionaban contigo, y los interiorizaste. Por eso, si eran cariñosos, respondieron a tus necesidades y estuvieron ahí de manera constante, aprendiste que eras digno de amor y que podías contar con ellos cuando lo necesitabas. Como consecuencia, es probable que exploraras el mundo con confianza. Desarrollaste un apego seguro.

En cambio, si tus figuras de apego fueron frías, te rechazaban a menudo, se mostraban impredecibles, te daban miedo y eran insensibles, pudiste aprender que no eras digno de ser amado o que no podías contar con ellos como fuente de apoyo. Y por eso afrontabas el mundo de una manera más temerosa.

En pocas palabras...

Todas estas experiencias con tus padres o cuidadores hicieron que le dieras forma a dos componentes muy importantes en la manera en la que ves el mundo: las representaciones que tienes de ti mismo (si te consideras merecedor o no de amor) y las representaciones que tienes sobre los demás («No puedo contar con los demás», «Los demás no son de fiar»).

Si las cosas no cambian, ¿por qué iba a cambiar tu manera de verlas?

Como has visto, las expectativas que desarrollaste en la infancia, en tu núcleo familiar, suelen persistir a lo largo de la vida. Esperas que sigan la misma trayectoria. ¿Por qué iban a cambiar? Tu mente ya se creó el esquema de que son de una determinada manera y, por lo tanto, eso es lo que debes esperar.

Además, el entorno familiar no suele cambiar sus tendencias, suele ser estable, de modo que no te incita a replantearte si ese esquema es bueno o malo, y si realmente esa es la manera en la que debes verte a ti y a los demás. Si las farolas siguen fallando, no siempre se encienden, ¿por qué iba a pensar que no es lo que debo esperar?

Estos modelos (esquemas) al final se vuelven automáticos y habituales, por lo que normalmente suceden sin que seas consciente de que están sucediendo y eso te hace resistente al cambio.

¿Y tú...?

¿Te habías planteado alguna vez que el patrón que seguías al relacionarte quizá no era el más sano? ¿Has intentado modificar tus expectativas sobre lo que esperas de ti y los demás en las relaciones o en algún momento concreto de estas?

Gente nueva y calles nuevas, pero el mismo vínculo

Los modelos de apego tienden a reforzarse también con las nuevas interacciones que estableces y las nuevas relaciones que entablas. Cuando conoces a alguien, tus esquemas te hacen comportarte de una determinada manera, según lo que has aprendido que debes esperar de los demás, y eso genera en los otros unas conductas que refuerzan el esquema que tenías. Por ejemplo, si cada vez que conoces a alguien te mantienes en una actitud fría y a la defensiva, probablemente te rechacen o no consigas crear un vínculo en el que puedas ver tendencias diferentes y puedas modificar ese esquema de que las personas no son de fiar y siempre te abandonan.

Aun así, es posible que esos patrones de apego cambien. Hay situaciones vitales en las que puede suceder algo que te haga replantearte el esquema. Por ejemplo, si tus padres van a terapia y, de repente, empiezan a tratarte de manera diferente es posible que acabe cambiando el modelo de apego que tienes. O también puede pasar que tuvieras un apego seguro y a tu cuidador le sucediera algo que le hiciera cambiar la forma de interaccionar contigo, un trastorno como la depresión, y dejara de estar disponible, y eso te hiciera cambiar el esquema de apego que tienes.

¿Y tú...?

¿Crees que tienes algún miedo intenso a establecer vínculos afectivos? ¿Cómo se ve ese miedo? ¿Qué crees que transmites a la otra persona cuando intentas establecer vínculos o cuando ya los has establecido? ¿Crees que la forma que has tenido de acercarte a los demás y relacionarte con ellos ha reforzado las creencias que tenías?

(Por ejemplo: siempre has tenido miedo a que te abandonen, por lo que te has mostrado celoso, controlador, y eso ha acabado por alejar a la otra persona y confirmar que los demás te abandonan).

De adulto

Cuando creciste, también formaste nuevos vínculos de apego. El amor de pareja, por ejemplo, es el que en la vida adulta suele tener un peso más importante porque es vínculo afectivo que suele ser largo y bastante complejo a nivel emocional. Y como te contaba antes, a no ser que algún suceso te haya hecho replantearte los esquemas, este apego adulto estará influenciado por el que creaste de niño.

Por ejemplo, Adrián desarrolló claramente un apego ansioso. Cuando era pequeño, sus padres eran un constante mar de incertidumbre, aunque eran su calma, esa calma era intermitente. Lo típico de «ni contigo ni sin ti», aquellas personas que eran capaces de tranquilizarlo y darle amor dejaban de estar disponibles a menudo. Y eso inconscientemente provocó en Adrián que viviera con miedo, que en el momento en que los necesitara no estuvieran disponibles.

Imagina, crecer así duele. Duele saber que ese que tiene que ser tu lugar seguro no lo acaba de ser. De esta forma Adrián empezó una relación amorosa de adulto basada en el miedo. Al final había aprendido que las personas a las que quería podían dejar de estar disponibles en cualquier momento. Y comenzó a tener miedo a que quien era tan importante para él desapareciera y lo abandonara. Percibía cualquier situación de amenaza con una intensidad horrible. Por ejemplo, cada vez que Pablo, su pareja, salía de fiesta, sentía que el mundo se le venía encima. Desarrolló unos celos extremos que acabaron desencadenando que

Pablo diera por terminada la relación, lo que para Adrián fue una confirmación de que las personas que quieres «te abandonan» y de que él no «era digno de amor».

Qué apego tienes

Vale... Hemos hablado del apego en general y de dónde surge, pero no te he contado todavía cómo es cada tipo de apego en detalle. Es importante que lo identifiques para entender en qué punto estás y si realmente es algo en lo que debes trabajar. Sabemos que el ansioso, en concreto, es el que más repercusión tiene en la autoestima. Así que ¿cuál de los tres te describe mejor?

Seguro

«Las farolas siempre se encendieron para ti». Si tienes apego seguro, probablemente te identifiques con esto:

- Te resulta fácil intimar con los demás.
- Estás cómodo dependiendo de los demás o si los demás dependen de ti.
- No sueles preocuparte porque vayan a abandonarte.
- Te consideras fácil de conocer.

- Dudas poco de ti mismo.
- Piensas que, por lo general, los demás tienen buenas intenciones.
- Crees que el amor de pareja existe en la vida real y no se desvanece con el tiempo.
- Consideras que tus relaciones amorosas más importantes han sido relativamente felices y se han caracterizado por el amor y la confianza.

Evitativo

«Las farolas raramente se encendían para ti». Si tienes apego evitativo, probablemente te identifiques con esto:

- Te sientes algo incómodo cuando intimas con otras personas.
- Te resulta difícil confiar plenamente en los demás y depender de ellos.
- Te pones nervioso cuando íntimas demasiado con alguien y tus parejas amorosas te han dicho alguna vez que les gustaría que vuestra relación fuera más íntima de lo que tú querías.
- Consideras que tus figuras paternas han sido frías y te han rechazado a menudo.
- Cuestionas la naturaleza duradera del amor de pareja.

- Tus experiencias amorosas han estado marcadas por el miedo a la intimidad y por dificultades para aceptar a tus parejas.

Ansioso

«Las farolas constantemente te fallaban. A veces estaban, y muchas otras no». Si tienes apego ansioso, probablemente te identifiques con esto:

- Crees que los demás se resisten a intimar tanto como a ti te gustaría.
- A menudo te preocupas por si tu pareja no te quiere o por si no quiere estar contigo.
- Con tus parejas has querido siempre cohesionarte hasta el punto de parecer que sois uno, y eso ha podido asustarles.
- Consideras que tus padres han sido injustos contigo.
- Crees que los demás no te entienden y dudas mucho de ti mismo.
- No te cuesta enamorarte, pero sientes que ha costado o te cuesta encontrar el «amor verdadero».
- Piensas que hay pocas personas dispuestas a comprometerse en una relación.

- Tus relaciones amorosas han estado marcadas por la obsesión, los celos, el deseo de estar unidos y los extremos emocionales.

Cuestionario sobre el apego

Ahora ya conoces cada tipo de apego y quizá te hayas podido sentir identificado con alguno de estos, incluso puede que hayas visto que tienes características mezcladas de los distintos tipos. Si tienes curiosidad sobre qué tipo de apego se corresponde más con tus tendencias a la hora de vincularte con tus parejas, te dejo aquí un cuestionario sobre el apego que te puede ayudar a hacerte una idea y saber en qué punto te encuentras.

INSTRUCCIONES PARA EL CUESTIONARIO DEL APEGO

A continuación, encontrarás una serie de afirmaciones que hacen referencia a cómo te sientes y actúas normalmente con tus parejas románticas de una manera general.

Al lado de cada ítem, verás que solo hay un cuadradito, ya sea en la columna A, B o C. Si te identificas con la frase y, por tanto, crees que es verdad, marca con una cruz el cuadradito, no importa la columna en la que esté. Si no te identificas con la frase, deja el cuadrado en blanco y no pongas nada.

Este cuestionario no es ninguna herramienta diagnóstica, solo te dará información para que sepas en qué punto te encuentras y qué tendencias sigues en tus relaciones.

	VERDAD		
	A	B	C
Me preocupo a menudo de que mi pareja deje de quererme.	☐		
No me cuesta ser afectuoso con mi pareja.		☐	
Me da miedo que, una vez que las personas conozcan mi verdadero «yo», les deje de gustar.	☐		
Considero que me recupero rápido después de una ruptura. Es raro que pueda quitarme a esa persona de la cabeza tan rápido.			☐
Cuando estoy soltero me siento ansioso e incompleto.	☐		
Me cuesta apoyar emocionalmente a mi pareja cuando se siente mal.			☐
Cuando mi pareja está fuera, me da miedo que se interese por otra persona sentimentalmente.	☐		
Me siento cómodo dependiendo de mi pareja.		☐	
Mi independencia es más importante que mis relaciones.			☐
Prefiero no compartir mis sentimientos más profundos con mi pareja.			☐
Cuando comparto con mi pareja cómo me siento, me da miedo que no se sienta igual en cuanto a mí.	☐		
Estoy satisfecho de manera general con mis parejas.		☐	
Pienso mucho sobre mis relaciones.	☐		
Me cuesta depender de mis parejas.			☐
Me veo rápidamente apegado a mis parejas.	☐		
No me cuesta mucho expresar mis necesidades a mi pareja.		☐	
A menudo siento rabia o me enfado con mi pareja sin saber muy bien por qué.			☐
Soy muy sensible al estado de ánimo de mi pareja.	☐		

Creo que la mayoría de las personas son honestas.	☐	
Prefiero el sexo casual sin dependencia de nadie al sexo íntimo con una persona.		☐
Me siento cómodo compartiendo mis pensamientos y sentimientos con mi pareja.	☐	
Me preocupa que, si mi pareja me deja, nunca encuentre a nadie más.	☐	
Me pone nervioso cuando mi pareja se aproxima demasiado sentimentalmente.		☐
Durante un conflicto, suelo decir o hacer cosas de manera impulsiva de las que después me arrepiento, en lugar de razonar sobre ello.	☐	
Normalmente el discutir con mi pareja no me hace cuestionar toda nuestra relación.	☐	
Mis parejas siempre han querido intimar más de lo que yo me sentía cómodo.		☐
Me preocupo de no ser suficiente.	☐	
A veces las personas me ven como aburrido porque no soy dramático en las relaciones.	☐	
Echo de menos a mi pareja cuando nos separamos, pero cuando estamos juntos siento la necesidad de escapar.		☐
Cuando no estoy de acuerdo con alguien me siento cómodo expresando mi opinión.	☐	
Odio sentir que alguien dependa de mí.		☐
Si veo que alguien en quien estoy interesado está fijándose en otras personas puedo sentir un poco de celos, pero es momentáneo.	☐	
Si veo que alguien en quien estoy interesado está fijándose en otras personas me siento aliviado porque quiere decir que no está interesado en formalizar la relación.		☐
Si veo que alguien en quien estoy interesado está fijándose en otras personas me siento deprimido.	☐	

	A	B	C
Si estoy saliendo con alguien y empieza a actuar de manera fría y distante, seguramente me dará igual, incluso me sentiré aliviado.			☐
Si estoy saliendo con alguien y empieza a actuar de manera fría y distante, seguramente me preocuparé por si he hecho algo mal.	☐		
Si siento que mi pareja va a dejarme, intentaré mostrarle lo que se está perdiendo poniéndole celoso.	☐		
Si alguien con quien he estado saliendo durante unos meses quiere dejar lo que tenemos, me sentiré dolido en un principio, pero lo superaré.		☐	
Me ha pasado a veces que, cuando consigo lo que quería en una relación, dejo de saber lo que quiero y me lo cuestiono todo.			☐
No tengo problema en mantenerme en contacto con mi ex, a fin de cuentas, tenemos bastante en común.		☐	
TOTAL =			

Interpretación de los resultados:

Suma la cantidad de recuadros marcados en cada columna y anótalos en el total. La columna que más recuadros tenga marcados será la que determine que cumples más características de este tipo de apego:

La columna A representa el apego ansioso.
La columna B representa el apego seguro.
La columna C representa el apego evitativo.

El apego vinculado a las emociones

La manera en la que te vinculaste también afectó a cómo aprendiste a gestionar tus emociones. Y adivina..., que desarrollaras una buena inteligencia emocional fue importantísimo para que tuvieras una buena autoestima.

La inteligencia emocional te dota de las habilidades necesarias para entender lo que estás sintiendo y considerar que puedes tratar las emociones de una manera sana y eficaz sin verte sobrepasado.

Si tus padres o cuidadores no te ayudaron a gestionar tus emociones, quizá porque ellos tampoco lo habían aprendido, no pudiste aprenderlo tú tampoco y probablemente hayas tenido problemas a largo plazo con estas. En la infancia la parte racional de tu cerebro aún se estaba desarrollado, más concretamente tu lóbulo frontal, que no terminó de desarrollarse del todo hasta los diecisiete o veintiún años. Cuando eras niño, te regías por el instinto de «busco placer, evito dolor», que es el principio por el que se rige nuestro sistema límbico (el sistema emocional). Por eso tus padres, cuidadores, profesores y terapeutas eran tu parte racional hasta que se desarrolló tu lóbulo frontal. Ellos fueron los que, en las situaciones en las que tu sistema límbico te hacía experimentar una tristeza enorme porque las vacaciones se terminaran, te aliviaban y te hacían entender de una manera racional que no pasaba nada por sentirte así. Te explicaban que ese sentimiento se te pasaría y que, en realidad, las vacaciones se terminan por x razón. Si te pusieron normas, una estructura, te dieron herramientas y pautas, como en el ejemplo anterior explicándote sobre la tristeza, normalizándolo y diciéndote qué debías hacer, seguramente te volviste suficientemente competente para poder afrontar toda la ola de emociones, pensamientos y conductas que como niño no sabías cómo gestionar. Si no lo hicieron y no lo aprendiste después por otros medios, probablemente a día de hoy te sigan sobrepasando tus emociones.

En pocas palabras...
Era importante que las personas de tu alrededor supieran gestionar sus emociones porque constituían tu lóbulo frontal mientras este se desarrollaba.

Aprender a gestionar bien tus emociones es importantísimo también para tu autoestima, como te contaba en un principio. Si sientes que no eres capaz de manejar las emociones sobre las cosas que te suceden, estás todo el tiempo a merced de las circunstancias. Sientes que no tienes control sobre lo que te pasa. No eres capaz de seguir la consecución de objetivos que te marcas porque la mala gestión emocional te lo impide. Y te sientes incompetente.

Según el tipo de apego con el que te hayas identificado antes, ya sea mediante el cuestionario o porque leyendo las descripciones te reconocías en uno de ellos, aquí puedes encontrar los patrones emocionales que caracterizan cada tipo de apego. Fíjate bien, ¿te suena?

Apego seguro

- Gestionas tus emociones incómodas de un modo constructivo. Entiendes que cumplen una función adaptativa y que no debes dejar que tus decisiones se basen únicamente en tu estado de ánimo.
- Reconoces tu ansiedad.
- Buscas apoyo y consuelo en los demás cuando lo necesitas.

Apego evitativo

- Muestras escasa consciencia sobre tus emociones. Tienes dificultades para identificarlas y expresarlas.
- Esa falta de consciencia sobre cómo te sientes, incluso la ausencia de miedo, hace que las decisiones que tomes siempre sean muy racionales y prácticas.
- Confías mucho en ti mismo.

Apego ansioso

- Eres consciente todo el tiempo de tus emociones incómodas.

- Estás hipervigilante a esas emociones.
- Expresas y sientes el miedo y la ira de una manera muy intensa.
- Has aprendido a maximizar la expresión de estas emociones como una manera de mantener contacto con tus padres o cuidadores.

Las cosas cambian...

María siempre había recelado de las relaciones de pareja duraderas. «El amor es un cuento de Disney absurdo», «Conmigo que no cuenten, prefiero estar soltera toda la vida y estar con quien quiera sin compromiso». Sin embargo, lleva ya un año con Pedro en una nube de amor. Vaya, que el hecho de mantener una relación estable y satisfactoria podría hacer que cambies tu forma de percibir las relaciones, aunque los modelos que tenías sobre ti y los demás te hacían ser escéptico a que eso sucediera. Pero, ¡ojo!, porque también puede pasar al revés: si eres seguro y mantienes una relación muy conflictiva podrías volverte inseguro como resultado de esa experiencia, dependiendo de cómo de duradera haya sido y cuánto impacto emocional haya tenido. Al final, piensa que estás aprendiendo y desaprendiendo todo el tiempo, así que las situaciones en las que te ves involucrado de adulto pueden hacer que cambies la manera que tienes de percibir las relaciones, aunque sea inconscientemente.

En pocas palabras...

Estos modelos también pueden cambiar a medida que las personas comprenden e interpretan las experiencias pasadas, especialmente las relacionadas con el apego. Por ejemplo, ir a terapia, leer este libro..., puede que te hagan tomar una perspectiva diferente y modificar las creencias que tenías sobre ti y sobre lo que puedes saber de los demás.

¿Y qué haces ahora?

El objetivo es que tengas relaciones basadas en un apego seguro, que te hagan sentir bien, seguro de ti mismo, y, como consecuencia, tengan una repercusión positiva en tu autoestima.

Algunas de las habilidades que puedes trabajar para establecer relaciones sanas y basadas en un apego seguro, como, la comunicación asertiva, desarrollar inteligencia emocional y conocer tus límites, las comentaré más detalladamente en los últimos capítulos, ya que son importantes también para la autoestima global más allá del vínculo de apego. Pero recuerda que, al final, en todos los aspectos problemáticos de tu vida que veíamos anteriormente (en este caso, la dificultad para vincularte de manera sana) debes actuar en estos tres puntos:

A nivel cognitivo

¿Qué pensamientos hay detrás de tu apego ansioso o evitativo?

¿Pienso que las demás personas no son de fiar o me van a abandonar? ¿Es eso racional? ¿Me ha dado algún motivo la otra persona para que yo piense esto? ¿Puede que detrás de eso haya un aprendizaje sobre cómo se han comportado conmigo mis padres, pero mis nuevas relaciones no tienen por qué seguir el mismo patrón de mis padres?

En este punto puede ayudar tener presente toda la teoría que te he explicado antes de que la manera en que se relacionaban tus padres contigo cuando eras niño te hace tener las expectativas que tienes sobre qué esperar en tu relación con los demás.

A nivel emocional

¿Qué sientes?

¿Entiendo cómo me siento cuando me responde un wasap de inmediato? ¿Es la intensidad emocional que siento proporcionada a la situación? ¿Soy capaz de identificar y poner nombre a lo que siento para poder comunicarlo?

(Lo verás en el capítulo 3 más detalladamente).

A nivel conductual

¿Qué haces cuando te sientes de una determinada manera o piensas de una determinada manera?

¿Qué hago cuando siento que mi pareja me va a abandonar? ¿Se lo comunico o me enfado directamente? ¿Me aíslo? ¿Cómo gestiono las emociones? ¿La manera que tengo de gestionar mis emociones empeora la situación a largo plazo?

TERCERA PARTE

Los primeros pasos hacia el Louvre

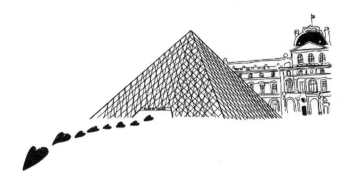

Seguro que aquí es donde tenías ganas de llegar, al «pero ¿qué tengo que hacer para mejorar mi autoestima?».

Cada día nos encontramos con mensajes como «confía en ti mismo», «quiérete a ti mismo», pero parece que nadie te dice cómo hacerlo. O se dan consejos que parecen muy obvios y sencillos, pero que tan fáciles y sencillos no son, porque aquí estás, sigues con los mismos problemas después de haberlos intentado aplicar.

Espero que con todo lo que has leído hasta aquí te hayas hecho una idea de las cosas que influyen en una mejor o peor autoestima, y tengas claros algunos de los rasgos generales de la baja y alta autoestima. Lo que has visto ha sido para ponerte en contexto y empezar a hacer introspección, pero ahora empieza la acción.

Antes de empezar, quiero recordarte eso que te llevo repitiendo a lo largo de todo el libro, desde un punto de vista terapéutico, si quieres mejorar tu autoestima vas a tener que trabajar sobre cómo piensas, te sientes y, en consecuencia, cómo actúas.

Así que empecemos.

6

Tu juego

¿Qué pasa si te digo que es posible que lleves jugando toda tu vida a un juego que ni siquiera eres consciente de que estás jugando?

Todos pensamos que elegimos en qué juegos decidimos involucrarnos en nuestro día a día, las batallas que decidimos librar. Pero no es del todo así porque detrás de la baja autoestima se esconde un juego mental inconsciente que en realidad es una ilusión. Porque te hace creer que si te comportas de determinadas maneras serás entonces lo suficiente válido para estar en el Louvre, pero en realidad, en el momento en el que piensas que has llegado, vuelves a la casilla de salida.

Es un juego en el que nunca llegas a ganar del todo. Vives en una constante sensación de éxito y fracaso. A veces te parece que lo has logrado, que te sientes bien, pero rápidamente pasa algo que hace que esa sensación se desvanezca.

Retomemos eso que te contaba en un principio de cómo las vivencias de tu vida afectan a tu autoestima. Probablemente, si fueron negativas te hicieron crear también una imagen negativa de ti, con creencias del estilo: «soy tonto», «no soy digno de que me quieran», «soy débil». Puede que quizá no seas consciente del todo de estas creencias negativas sobre ti mismo: no te preocupes, el objetivo es que las descubras en las siguientes páginas para poder retarlas y que dejen de hacerte tener una mala autoestima.

Por ahora, quiero que te tomes un segundo para preguntarte: ¿te sientes mal todo el tiempo sobre ti mismo? Estoy bastante segura de que, a pesar de todas esas creencias negativas que puedes albergar sobre ti, no te sientes mal todo el tiempo contigo mismo. No estás todo el día pensando «es que soy tonto». Sería un sinvivir estar a todas horas con esas ideas en la cabeza.

Esto es posible debido a que tu cerebro ha creado mecanismos, vías de comportarte en la vida, que te hacen sentir mejor: «si estoy siempre disponible para los demás, me querrán; si soy perfecto siempre, parece que valgo un poco más». Así que, siempre y cuando cumplas esas cosas que has aprendido que te hacen bien, sentirás que vales. Es probable que tampoco seas consciente de ellas porque son dinámicas que tienes muy interiorizadas y que te hacen moverte por el mundo de forma bastante automática. No te preocupes, los vas a destapar también.

A estos mecanismos se les llama «reglas de vida disfuncionales». «Disfuncionales» porque son poco flexibles y perjudiciales para ti, piensas que «SIEMPRE debes estar ahí para los demás, y entonces te querrán» o que «NUNCA tienes derecho a fallar para poder llegar al Louvre». Pero bueno, son tu modo de vida, te permiten combatir esas creencias base negativas («soy tonto, no soy digno de amor...») que formaste sobre ti mismo, por lo que puede que tú no las percibas de manera tan negativa. Así que vives jugando al juego de «tapar lo que hay debajo» para sentirte válido. Un juego en el que constantemente tratas de cumplir esas reglas (de vida) con el fin de esconder o desmentir lo que realmente hay debajo y que nunca termina. Tu objetivo va a ser destapar lo que esconden esas normas que te has impuesto, que descubras tus reglas y todo lo que hay detrás, y destruyas este tablero de juego o crees uno que te permita sentirte bien. Solo si conoces tu juego podrás desmontarlo y evitar que siga controlando tu vida en espiral.

En pocas palabras...
Tu valor no está en juego.

La dinámica del juego

Vamos allá. Para hacerlo más visual, quiero que mires el dibujo del tablero, lo voy a utilizar para explicarte el juego en el que, como te decía, quizá hayas estado metido toda la vida y te hace percibir que vas perdiendo en el objetivo de sentirte suficiente y bien contigo.

He llamado al juego «ahora sí valgo» porque lo que buscamos todos los que jugamos o hemos jugado en algún momento es eso, sentir que somos suficientes.

La cosa es que todos construimos este juego según nuestras reglas, es decir, el tuyo seguramente sea muy diferente al de Pepito porque lo has ido creando según lo que te ha ido pasando en la vida. Por eso mismo, yo no puedo explicarte tu juego porque solo lo conoces tú, pero sí puedo explicarte la dinámica que sigue para que lo descubras por ti mismo.

Por lo tanto, las casillas que te describo a continuación no son «oficiales» e inamovibles. Son solo un ejemplo, puesto que cada persona tiene un número distinto de casillas, y cada casilla esconderá algo diferente para cada persona.

CASILLAS DEL JUEGO

CASILLA 1: Cumple los estándares de belleza (+1)
Suposición: Solo si cumplo los estándares de la sociedad seré suficientemente válida
Creencia: Soy fea

CASILLA 2: Muéstrate siempre feliz (+1)
Suposición: Si me muestro triste no me querrán
Creencia: Soy un quejica

CASILLA 3: No te muestres vulnerable (+1)
Suposición: Si me muestro vulnerable demostraré que no soy suficiente
Creencia: Soy inferior

CASILLA 4: Ayuda siempre a los demás (+1)
Suposición: Si no estoy ahí siempre para los demás no me querrán
Creencia: No soy digno de amor

CASILLA 5: Sé siempre independiente (+1)
Suposición: Solo si no necesito ayuda de nadie seré suficiente
Creencia: Soy débil

CASILLA 6: Hazlo siempre todo bien (+1)
Suposición: Solo si no fallo tengo valor
Creencia: Soy un fracaso

CASILLA 7: Tienes que gustar siempre a todos (+1)
Suposición: Solo si los demás piensan que valgo tengo valor
Creencia: Soy horrible

CASILLA 8: No te puedes equivocar (+1)
Suposición: Si me equivoco se reirán de mí
Creencia: Soy un perdedor

CASILLA 9: Tienes que saber un poco de todo (+1)
Suposición: Si se dan cuenta de que no sé de todos los temas pensarán que soy tonto
Creencia: Soy tonto

CASILLA 10: Saca las mejores notas o consigue el mejor trabajo (+1)
Suposición: Solo si soy el mejor demostraré que valgo
Creencia: Soy inferior

CONTADOR FINAL:

Instrucciones del juego

El juego está conformado por unas casillas en cada una de las cuales se encuentra una conducta que tienes que realizar de forma constante en tu vida y que, si logras cumplir, le sumas puntos al contador de tu valor.

El contador para ti es el valor que tienes, por lo que, si consigues cumplir con todas las casillas y sumar todas las puntuaciones +1, te sentirás bien contigo mismo. Pero en el caso de que no lo consigas, te confirmas lo que estás intentando ocultar, que no vales lo suficiente.

Veámoslo con más detalle:

- Cada casilla es una regla de vida que te has obligado a cumplir y que, si consigues llevar a cabo, te va a permitir sumar +1 al contador.
- Detrás de cada regla se esconde una creencia base negativa que estás intentando tapar y que se basa en suposiciones sobre cómo deben ser las cosas.

Por ejemplo, en el tablero del dibujo, la casilla 4 esconde:

- Regla de vida (lo que tienes que hacer para sumar +1): Estar disponible siempre para los demás.
- Creencia que intentas tapar: «No soy digno de que me quieran».
- Suposición detrás de la regla: «Solo me querrán si estoy siempre para los demás».

Las casillas no son sucesivas, no es que tengas que ir cumpliendo retos poco a poco en la vida; sino que son requisitos que debes cumplir de forma constante y simultánea. Todos a la vez todo el rato.

Como puedes imaginar, es agotador vivir así, al mismo tiempo que imposible para cualquier humano.

El número de casillas depende de tu juego. En el ejemplo he puesto 10, pero tú puede que tengas 2, 5, 18 o 100. Depende de la cantidad de condiciones o «reglas de vida» que te hayas impuesto para sentir que vales.

¿Cómo se juega?

Para cumplir el objetivo final de sentir que vales, tienes que cumplir las reglas (disfuncionales) de todas las casillas. Cogiendo el ejemplo, constantemente tendrías que:

CASILLA 1: Cumplir los estándares de belleza
CASILLA 2: Mostrarte siempre feliz
CASILLA 3: No mostrarte vulnerable
CASILLA 4: Ayudar a los demás
CASILLA 5: Ser independiente
CASILLA 6: Hacerlo todo bien
CASILLA 7: Gustar a todos

...

Imagina que cada casilla cuenta +1 y para que el contador esté a 10, tienes que sumar +1 en todas ellas. Así que, mientras vayas cumpliendo todas las reglas de vida (disfuncionales), te vas a sentir bien, pero como podrás imaginar, si tu autoestima depende de que siempre estés a la altura de cumplir todas las reglas, esta va a ser bastante frágil. A la que no cumplas con una de tus condiciones, el contador no estará en su máximo y se destapará la creencia base negativa que tienes sobre ti mismo. Por ejemplo, puede que estés cumpliendo todas las casillas, pero de repente alguien te hace una crítica. Tu mundo ya se viene abajo porque sientes que no vales nada.

Reglas del juego

¡Fácil! Si no cumples con todas las casillas, te sentirás mal contigo mismo porque te confirmarás que no vales lo suficiente.

Consecuencias del juego

Este juego de compensar con reglas disfuncionales las creencias base negativas puede que se dé constantemente, influyendo en tu baja autoestima sin pasar de ahí. Pero cuando las reglas son muy rígidas e inflexibles, como he puesto de ejemplo, requiriendo siempre tener el contador a 10, este juego te puede llevar a episodios de ansiedad y depresión a nivel clínico.

Ansiedad y pensamientos depresivos

Cuando te das cuenta de que puede que estés delante de una situación en la que no vas a poder cumplir la regla de alguna de las casillas, empiezas a hacer predicciones ansiosas de cómo de mal puede salir esa situación. Es decir, de que no vas a poder sumar el +1 al contador, y que se confirmará que no vales lo suficiente.

Un ejemplo sería que, si piensas que siempre debes comportarte de manera perfecta y te vas a exponer a una situación en la que crees que no tienes las capacidades para hacerlo bien, empiezas a hacer predicciones de cómo de mal puede salir. Efectivamente, también jugamos a ser brujas prediciendo el futuro.

Además, junto con esas predicciones de lo horrible que puede que suceda, es posible que también experimentes síntomas fisiológicos de ansiedad: diarrea, tensión muscular o palpitaciones, entre otros. Esto al 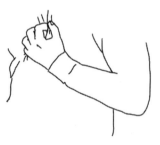 mismo tiempo te sirve para hacer más predicciones sobre las cosas que pueden salir mal, retroalimentando a tu brujita interior.

Por ejemplo, vamos a coger la regla de la casilla 8: no me puedo equivocar. Imagina que esa es tu regla de vida, y un día tienes que hacer una presentación en el trabajo, situación en la que prevés que te puedes equivocar porque te ha sucedido anteriormente. En el momento en el que te enteras de que tendrás que hacerla ya empiezas a hacer predicciones de todas las cosas horribles que pueden suceder y causar que te equivoques. Eso se junta con que los días previos, debido a los nervios, empiezas a sentir esos síntomas fisiológicos de la ansiedad que añaden más predicciones negativas sobre lo malo que puede suceder.

Puede que esas predicciones desencadenen en ti algunas conductas que no te hacen precisamente bien. Una de esas conductas puede ser la evitación. Siendo honesto contigo, ¿cuántas veces has intentado evitar las situaciones que te producían ansiedad, nervios o malestar a toda costa? Lo típico, decir que estás enfermo como excusa para no enfrentarte a eso que te da miedo en el colegio o en el trabajo... Con la evitación lo que consigues es reforzar la idea de que no eres capaz de hacer eso a lo que tienes miedo, de modo que retroalimentas tu creencia de que no eres válido.

Por otro lado, puede que hayas utilizado conductas de seguridad. Estas son aquellas que empleas para reconfortarte y sentirte mejor, pero, a veces, lo que consigues es lo contrario. Pensando en otro ejemplo:

Pongamos que tu regla es «tengo que complacer siempre a los demás». Si en algún momento, por alguna circunstancia de la vida, no puedes hacerlo, utilizas una conducta de seguridad para sentirte mejor.

Conducta de seguridad

Compensar el no haber podido ayudar a mi amigo a hacer la mudanza, porque estaba malo, ofreciéndome ir al día siguiente a ayudarle a limpiar. Aunque tenga mucha faena y no llegue a poder cumplir mis propias obligaciones.

Otra de estas conductas es la de juzgarte duramente olvidándote de que los humanos somos imperfectos. El miedo a veces causa que estés más torpe, que se te quede la mente en blanco, etc. Y no solo te pasa a ti, nos pasa a todos, es lo normal. Pues puede que tú, en lugar de pensar que es algo trivial que le pasa a todo el mundo cuando tiene miedo o está nervioso, te digas a ti mismo que es porque eres una mierda de persona, porque no vales nada.

Si incluso, después de todos los pensamientos anticipatorios que has tenido y todos esos síntomas de ansiedad, decides hacer la presentación y te sale genial, puede que pienses que te ha salido bien porque has tenido suerte. Esto, si lo recuerdas del capítulo anterior, es una tendencia común en las personas con baja autoestima. Así que en este caso podrías pensar que te ha salido bien porque te has tomado un tranquilizante y el jefe ese día estaba de buen humor y por eso te felicitó. Por lo que a veces, aunque aparentemente hayas ganado esa casilla, tu interpretación de la realidad y tus pensamientos automáticos negativos te hacen pensar lo contrario. De modo que, aunque aparentemente hayas ganado, para ti tampoco supondría una victoria.

¿Y cuál es el resultado? Que sientes que lo que ha pasado no ha sido más que una prueba de que la creencia base que tenías tapada se confirma: que evidentemente eres un incompetente. Y claro, esa sensación puede que vaya seguida de castigarte más con pensamientos críticos: «ves, es que eres una mierda, no vas a sacarte nunca la carrera, cómo te van a respetar los compañeros si estás en esta empresa por suerte». Esa es la consecuencia de que el contador no esté a 10, es como si tuvieras un hilo musical que se enciende en tu cabeza recordándote lo horrible que es no valer.

Así que «perder» no implica solo haber perdido, sino sentirte desesperanzado, lo que te puede llevar a tener pensamientos y un estado de ánimo depresivos, que como decía antes, pueden durar más o menos tiempo, y darse en una intensidad más baja o ser de requerimiento clínico. Y con esto, el círculo se retroalimentaría.

Todo esto que se desencadena fruto de llevar a cabo una exposición y no evitarlo es algo automático que sucede si dejas campar tus pensamientos a sus anchas sin prestarles mucha atención. Pero esta es la vía que debes tomar, exponerte para demostrarte que eres capaz y, una vez que sabes que tu mente te sabotea atribuyéndolo a la suerte, detectar ese pensamiento automático negativo y decir: ¡eh! Esto no se debe a la suerte, esto me lo merezco yo porque soy completamente capaz de lo que acabo de conseguir.

Y ante todos esos pensamientos ansiógenos que aparecen antes de la situación, pregúntate: ¿qué regla estás intentando cumplir que te hace sentir tan nervioso? ¿Qué miedos tienes? Trabajaremos en ello en los siguientes apartados para desvelarlos.

Cuando no cumples con la regla disfuncional

También podrías encontrarte en la situación en que has incumplido la regla directamente, no es que haya opción a que pase, sino que ya ha pasado o va a pasar sin que puedas hacer nada. Siguiendo con el ejemplo anterior, te han hecho hablar delante de tus compañeros de trabajo de manera espontánea sin que tuvieras tiempo de pensarte la respuesta y te has quedado en blanco delante de todos.

Cuando sucede esto, además de tener ya directamente la percepción de que las reglas se han roto, el contador no está a 10, y eso te lleva a tendencias depresivas y pensamientos críticos sobre ti mismo. Ya piensas sin más que eres incompetente, y todo lo que conlleva, sin pasar por la ansiedad del ejemplo anterior.

LOS PENSAMIENTOS AUTOMÁTICOS NEGATIVOS son los pensamientos que aparecen de manera automática cuando sucede algo, no existe un razonamiento previo y muchas veces contienen distorsiones de la realidad.
«No soy capaz de aprobar el examen».
«No les gusto».
«Parezco tonta».

LAS REGLAS DE VIDA son normas estrictas de tu pensamiento.
«Siempre debo mostrarme feliz».
«Nunca debo mostrarme vulnerable».
«Tengo que estar disponible para los demás siempre».

LAS SUPOSICIONES son aprendizajes que conectan tus creencias base con tus reglas. Guían tu comportamiento.
«Si no me muestro siempre feliz no me aceptarán».
«Si me ven vulnerable se aprovecharán de mí».
«Si no estoy disponible para los demás no me querrán».

LAS CREENCIAS BASE son creencias generalizadas y absolutas que tenemos de nosotros mismos, los demás y el mundo.
«Soy vulnerable, débil, inferior, un fracaso, fea, aburrida, loca, tóxica...».

Haz tu juego consciente

Los pensamientos automáticos negativos

Ahora ya conoces la dinámica del juego y cómo funciona el proceso de pensamiento detrás de la baja autoestima, pero aún no conoces tu juego ni tu proceso de pensamiento. Así que a eso vamos ahora, y para que lo logres, vas a tener que desarrollar tu capacidad atencional, es decir, potenciar la consciencia metacognitiva para que seas consciente de tus procesos internos, del juego al que estás jugando.

Todas las ideas y pensamientos, incluso los más poderosos, son HIPÓTESIS que pueden ser cuestionadas y comprobadas mediante la experiencia. Por eso ser consciente de lo que hay detrás cuando te sientes triste, abatido, sobrepasado, ansioso, poco válido te permite poner en duda el pensamiento que lo está generando, esto es, ¿lo que te hace sentir que no vales nada se ajusta a la realidad o es una distorsión de tu pensamiento?

Una parte muy importante del juego es el contexto en el que sucede y la interpretación que haces de lo que pasa en cada momento. Es el primer nivel del juego, lo que te hace actuar de manera automática y lo primero a lo que tenemos acceso porque es lo más cercano a la consciencia. Por ello, antes de empezar a detectar las reglas de vida de las que hablaba antes y las creencias base, que están a un nivel superior de cognición y que conforman el juego de «sentirte válido», debes empezar por lo más accesible. Por los pensamientos automáticos negativos.

En pocas palabras...

Los pensamientos automáticos negativos son los que aparecen de manera espontánea cuando te encuentras ante una determinada situación y no atienden a la razón.

Queremos pillarlos, evitar que te influencien en tus decisiones y emociones sin que seas consciente. Porque lo peor es que muchas veces no son ciertos. Los crees como ciertos, pero es bastante probable que estén distorsionados. Y si eres capaz de detectarlos, puedes modificarlos y empezar a ver la situación de una manera distinta.

Constantemente estás pensando e imaginando. Tienes pensamientos automáticos todo el tiempo sin que seas ni siquiera consciente. Desde que te levantas hasta que te acuestas. Estos a veces son beneficiosos porque te ayudan y te protegen según tus experiencias pasadas. Por ejemplo, si estás de noche dentro tu coche y ves que un desconocido se dirige hacia ti, lo primero que se te vendrá a la mente, antes de hacer ningún razonamiento, será: «bloquea las puertas del coche». Es un atajo de tu mente de que, ante una señal que en el pasado has aprendido que supone peligro, debes protegerte. No lo pones en duda, no valoras si esa persona realmente es un peligro, no le vas a preguntar tampoco «¿oye, eres un peligro?», ni vas a comprobar con la experiencia si eso es cierto o no. Bloqueas, y ya.

En esta situación el pensamiento automático te beneficia, pero en muchas situaciones de tu día a día estos son negativos y te repercuten en la forma de percibirte e interpretar las cosas que te suceden. Por ejemplo, ante una mirada que consideras «rara», puedes tener el pensamiento automático negativo de que estás feo o estás haciendo el ridículo. Y eso te hace sentir mal. Pero ni siquiera lo pones en duda, te crees a tu pensamiento y te hace creer que has perdido en esa casilla.

Ejemplo de una situación con pensamientos automáticos negativos

Para que veas el proceso de los pensamientos automáticos negativos, te pongo un ejemplo de cómo le afectaron a Sandra en la interpretación de una situación y cómo se sintió en consecuencia.

Sandra tuvo una cena con sus excompañeros de clase con los que mayoritariamente tenía una relación cordial pero no muy cercana. Cuando llegó, lo primero que le dijo uno de ellos fue: «Cómo has cambiado, no te había reconocido».

¿Qué pensamientos automáticos le vinieron a la mente?

En este caso Sandra pensó que se habían dado cuenta de que había engordado. Todo el mundo iba a pensar que cómo iba a valer como persona si no era capaz ni de cuidar de su cuerpo. Tenía ganas de irse a casa.

En este ejemplo, según el juego que te he explicado antes, Sandra tenía la regla de vida de que tenía que gustar siempre a todo el mundo. En la infancia había aprendido que no era lo bastante buena y que su valor dependía únicamente de su físico, que solo la aceptarían si tenía una apariencia bonita. Como esa regla aparentemente se había roto, porque parecía que no había gustado a los demás, inconscientemente se confirmó la creencia base de que no valía para nada. No había sumado el +1, por lo que el contador decía que no valía lo suficiente. Así que todos los *inputs* que recibió sobre su cuerpo, aunque no fueran con intención negativa, los interpretó como un refuerzo de su creencia.

Todo este análisis de proceso mental es mucho más profundo de lo que en realidad sucedió. A Sandra únicamente le vino el pensamiento automático de que se habían dado cuenta de que estaba gorda y se sintió horriblemente triste. Se dejó llevar por esa tristeza y ni se cuestionó que quizá lo habían dicho porque estaba cambiada, ya que las personas cambiamos de corte de pelo, forma de vestir, etc. Ella se creyó su pensamiento como cierto.

Para que Sandra hubiera podido detectar que quizá había un pensamiento negativo automático, habría tenido que prestar atención a esa emoción que estaba sintiendo e ir al pensamiento que le había originado esa emoción y replanteárselo. ¿Qué me ha hecho sentir tan triste? ¿Realmente hay alguna prueba de que haya pensado que estoy gorda? Y aunque fuera así, ¿por qué me hace sentir tan mal eso? ¿Puede que se esconda detrás alguna regla de vida según la cual estoy viviendo para sentirme mejor y que se haya roto?

Distorsiones cognitivas

Detrás de los pensamientos automáticos negativos normalmente se esconden distorsiones de la realidad, que te impiden ver las cosas como son en realidad. Estas distorsiones se llaman «distorsiones cognitivas».

En pocas palabras...
Las distorsiones cognitivas son interpretaciones erróneas de la información.

Saber cuáles son te lo pondrá más fácil para identificarlas cuando te suceden y evitar que sesguen tu realidad, así que aquí te dejo ejemplos de algunas de las más comunes y qué puedes hacer cuando las detectes.

Blanco o negro

Esta distorsión te lleva a considerar únicamente los dos extremos. O siempre o nunca, o todo o nada.

Un ejemplo de distorsión blanco o negro es pensar que, porque algo te ha salido mal, ya todo te sale mal siempre, sin tener en cuenta todas las veces que las cosas te han salido bien.

Esta era una distorsión cognitiva muy presente en mi vida, tenía un pensamiento muy blanco o negro referido a la alimentación. O conseguía comer «sano» durante todo el día o a la que surgía una situación en la que rompía mis reglas, ya se había ido a la m* mi objetivo y, por lo tanto, ya no valía la pena seguir intentando tener una buena alimentación ese día. Era un: o como perfecto o ya no me esfuerzo. Ante esta distorsión pregúntate...

¿Realmente no hay grados intermedios? ¿Hasta qué punto es esto así? ¿En serio tengo que dejar que todo mi día u objetivos se vayan a la m* por una sola acción?

Visión túnel

Esta distorsión causa que solo te fijes en los detalles negativos de una situación y lo magnifiques todo ignorando los aspectos positivos. Por ejemplo, cuando te miras en el espejo solo te focalizas en todo aquello que no te gusta de ti e ignoras todo lo que te gusta. O cuando conoces gente nueva solo te quedas con las «cagadas» que has dicho e ignoras todas las conversaciones chulas que habéis tenido y lo interesante que ha sido conocerlas. Ante esta distorsión pregúntate...

¿Realmente solo ha ocurrido lo negativo en lo que me estoy focalizando? ¿Puede que haya información en la que he perdido el foco y era igual o más importante?

Sobregeneralizar

Sacas una conclusión general de un solo hecho en particular sin que tenga evidencia suficiente. Por ejemplo, pensar que como una relación te ha salido mal el resto de las relaciones que tengas van a continuar fracasando. O que como una vez intentaste practicar deporte con constancia y no lo conseguiste, nunca más vas a poder ser constante en eso porque no se te da bien. Ante esto, busca pruebas:

¿Realmente eso está basado en algo que lo confirme? ¿Que haya pasado una vez predice que vaya a pasar más veces? ¿Es un patrón que se ha repetido tanto como para que tenga que preocuparme?¿Ha habido ocasiones en las que no ha sucedido esto?

LECTOR DE MENTES

Tendencia que tienes a interpretar las intenciones de los demás sin base alguna. Muchas veces esto te sucede porque proyectas en la otra persona cómo te estás sintiendo tú. Por ejemplo, puede que pienses que la otra persona está pensando que estás horrible porque tú te ves horrible. Ante esto, busca pruebas:

¿Qué pruebas reales tengo para suponer esto?

¿Qué puedo hacer para comprobar si realmente es cierto lo que pienso?

CATÁSTROFE

Esto consiste en que adelantas las cosas que pueden suceder de manera catastrofista, lo que vendría a ser: ponerte en lo peor. Por ejemplo, puede que antes de ir a una entrevista de trabajo pienses que seguro que te quedas en blanco ante las preguntas y te va a salir fatal. Ante esto:

Deja de anticipar. Pregúntate si en el pasado habías anticipado situaciones similares y qué ocurrió después realmente. ¿Qué posibilidades reales hay de que eso ocurra?

PERSONALIZACIÓN

Esta consiste en pensar que las cosas que están sucediendo son por ti. Es decir, relacionar las cosas externas contigo, sin que haya nada que lo demuestre. Por ejemplo, pensar que la story que ha subido Pepito en su Instagram es una indirecta hacia ti. O que si estás hablando con una persona y esta bosteza es porque la estás aburriendo, en lugar de porque está cansado debido a que no ha dormido nada esa noche. Ante esta distorsión, pregúntate:

¿Realmente qué pruebas tengo de que esto sea así?

¿Me está haciendo daño pensar esto y en realidad no tengo evidencia ninguna de que sea así?

¿Puedo hacer algo para quedarme tranquilo y saber que esto no es por mí?

CONTROL

Pensar que eres excesivamente responsable sobre las cosas que te suceden o que, por el contrario, no tienes absolutamente ningún control sobre lo que te pasa. Por ejemplo, pensar que toda la culpa de lo que te ocurre es de los demás y que, por tanto, no puedes hacer nada para estar mejor. Ante este pensamiento:

Busca pruebas de si eso se sustenta en algo sólido:

¿Qué pruebas tengo para creer que mi bienestar depende únicamente de los demás?

MIS EMOCIONES Y YO

Piensas que lo que sientes es completamente cierto. Por ejemplo, si experimentas rabia es porque otra persona ha hecho algo mal sí o sí, no hay duda de que pueda deberse a una mala interpretación. Ante esto, pregúntate qué hay detrás de esa emoción:

¿Qué me ha hecho sentir así? ¿Tengo alguna prueba de que eso que he pensado es así?

POR ARTE DE MAGIA

Esta distorsión cognitiva consiste en pensar que la situación mejorará por arte de magia, y por eso no buscas solución. Por ejemplo, creer que no vas a ir al psicólogo porque tu problema de salud mental desaparecerá solo. Ante esto, busca soluciones en el presente: piensa en lo que puedes hacer ahora. Porque..., si no haces nada, ¿cómo sabes que va a mejorar solo? ¿Tienes en cuenta que los factores implicados probablemente dependen de ti?

Cómo detectar los pensamientos automáticos negativos

Los pensamientos automáticos son muy fugaces por lo que cuesta identificarlos en el momento en el que pasan por tu mente. Pero la emoción que provocan en ti no es tan pasajera, por tanto, puede ser de ayuda para detectarlos. Por ejemplo, imagina que Sandra recibe un mensaje de una amiga suya cancelándole un plan porque se encuentra mal. Ante esa situación, Sandra se empieza a sentir triste, con un nudo en el estómago.

En este contexto, como espectadores externos, puede parecer que la emoción que está teniendo no va de acuerdo con la situación. Pero su proceso interno se veía así:

Situación	Pensamiento automático	Emoción
Mi amiga me ha cancelado el plan	Ha puesto una excusa porque realmente no tiene ganas de quedar conmigo	Tristeza Frustración

Como puedes ver, el pensamiento automático puede ser perfectamente una distorsión cognitiva, un «lector de mentes», porque en realidad no hay base ninguna para que Sandra piense eso de su amiga. Esa emoción tan intensa que ha experimentado en una situación cotidiana es la señal que ella necesita para empezar a analizar su pensamiento.

La intención de darte cuenta de que tus emociones ante un determinado hecho pueden ser desproporcionadas no pretende invalidar tus emociones —siempre válidas— sino verlas como una fuente de información. Quizá detrás de ellas se esconda una distorsión de la realidad, por lo que te conviene tomar distancia para contemplarlas desde un punto de vista más objetivo.

Si bien no tienes por qué responder a todas, dependerá de la situación concreta a la que te enfrentes, algunas de las preguntas que puedes hacerte en momentos que te generan emociones intensas o dolorosas son:

- ¿Qué se me pasaba por la cabeza antes de que me empezara a sentir de esta manera?
- ¿Qué imágenes mentales o recuerdos tengo en esta situación?
- ¿Qué significa esto sobre mí? ¿Sobre mi vida? ¿Y sobre mi futuro?
- ¿Qué es lo que tengo miedo de que pase?
- ¿Qué relevancia le doy a que la otra persona se sienta así sobre mí?
- ¿He roto normas, he dañado a otras personas o he hecho algo que no debería? ¿Qué pienso sobre mí mismo al haberlo hecho?

EJERCICIO PARA DETECTAR PENSAMIENTOS AUTOMÁTICOS

Un ejercicio que puedes incorporar en tu día a día para detectar esos pensamientos automáticos negativos que te hacen daño y están detrás de tu baja autoestima es un autorregistro. El objetivo es descubrir toda esa información que tu mente te fuerza a creer y que te obliga a vivir interpretando que no vales nada.

Como todo, requiere práctica, es un hábito que hay que construir poco a poco. A medida que vayas detectando patrones de pensamiento será mucho más fácil que los identifiques en tu cotidianidad y te afecten menos. Puedes hacerlo en el móvil, en una libreta, en un diario, en tu agenda... donde sea que te resulte más fácil y accesible.

Lo ideal sería que, cada vez que sientas una emoción que te es incómoda o muy intensa, saques tu autorregistro y hagas lo siguiente:

- Describe tu emoción con una sola palabra (tristeza, frustración, rabia, culpa).
  Ejemplo: «Tristeza».
- Piensa qué ha sucedido justo antes de que te sintieras así.
  Ejemplo: «Mi madre me ha dicho que no hago nada en todo el día».
- Por último, pregúntate qué pensamientos has tenido justo antes de sentirte así.
  Ejemplo: «Soy una vaga y no hago nada».

Si no puedes hacerlo cuando aparece la emoción, dedica un momento a reflexionar sobre cómo te has sentido durante ese día también. Lo ideal es completarlo cuando ocurre porque tienes más fresca y accesible la información, pero estará genial si lo haces en otro momento.

Verás que muchas veces las emociones que experimentas no son causa de un pensamiento automático negativo. En ocasiones te sientes triste porque tienes que sentirte así y en esa tristeza no influye ninguna distorsión de tu pensamiento.

Por ejemplo, si te sientes triste después de suspender un examen y el pensamiento que subyace es que te da rabia que, después de haberte esforzado tanto, suspendas, es normal. Es una emoción que se ajusta a la realidad y que debes sentir. Es más, es beneficiosa porque te puede impulsar a afanarte más en la siguiente ocasión. El problema es que tras muchas de esas emociones se esconden pensamientos que no se ciñen a la realidad y te abocan a una espiral negativa. Ahí es donde entra el poder de dudar de los pensamientos, de hacerte preguntas al respecto, de ponerlos a prueba.

Situación

¿Dónde estabas?
¿Qué hacías?
¿Cuándo fue?
¿Con quién estabas?

Pensamientos automáticos

Describe tus emociones en una palabra (Rabia, tristeza...)

Emoción

¿Qué estabas pensando antes de sentirte así?

Creencias base y reglas de vida

Una vez que has aprendido a identificar los pensamientos automáticos negativos, te puedes centrar en modificar niveles más elevados de tus estructuras cognitivas, es decir, entrar en la dinámica del juego, en esos ruidos dentro de tu cabeza que te impiden disfrutar y te hacen fracasar en el objetivo de sentirte válido.

Vamos a empezar por destapar las reglas de vida, esas casillas que tienes que cumplir. Estas son principios amplios que se aplican a gran cantidad de situaciones. Puedes considerar las reglas de vida como las reglas de la sociedad. Todos tenemos que cumplir las normas de ciudadanía, no cruzar el semáforo en rojo, por ejemplo. Tiene sentido, ya que si cruzas en rojo te podrían atropellar. Y si te lo saltas, la consecuencia es que te ponen una multa.

Pero... algunas de las reglas detrás de tu baja autoestima no tienen tanto sentido. Y por eso hay que cambiarlas, para que te faciliten la convivencia contigo mismo, no para que te la amarguen.

Cambiar las reglas

Los pensamientos críticos sobre ti mismo y las predicciones ansiosas que haces sobre las cosas que pueden pasar no aparecen de la nada, como te he contado anteriormente, son el resultado de unas reglas de vida que te creaste conforme creciste con el objetivo de ayudarte a vivir de una manera más tranquila. También te he explicado antes que no podrías vivir siempre sintiéndote mal contigo mismo, por eso aprendiste a tapar y aliviar ese sentimiento haciendo cosas que te ayudaban a verte válido. Percibiste que hacías algunas cosas que la gente te reforzaba, y eso te dio pistas de cómo podías actuar en la vida. De este modo, determinaste tus reglas para vivir: «debo hacer esto, no debo hacer lo otro». Así que esas reglas te lo ponían en apariencia un poco más «fácil», PEEERO, a largo plazo, son completamente contraproducentes porque no son realistas y te impiden tener una vida saludable.

Has visto también en el juego que, cuando tienes una autoestima baja, estas reglas son la vara de medir que te permite determinar tu valor en el día a día. Si las cumples (ejemplo: lo haces todo bien), estarás más o menos bien, el contador estará a tu favor, pero en el momento en que no las cumples, todo tiembla. Por lo tanto, en todo lo que haces tienes en cuenta tus reglas.

Cómo te impusiste esas reglas del juego

Tus padres te pasaron sus reglas inconscientemente y, en la mayoría de las ocasiones, con la buena intención de que fueras una persona independiente y que te fuera bien en la vida. Te las

transmitieron mediante sus comentarios («Has de tener tu habitación perfecta porque eso es lo más importante») o las cosas que veías en ellos («Siempre estaban preocupados porque todo estuviera perfecto, si no, se sentían mal»).

Cuando eras niño también establecías conexiones entre las cosas que veías que sucedían («Si no recojo un juguete, mi padre me deja de hablar y se enfada») y creaste unas reglas generales según eso («Solo soy digno de ser amado si dejo las cosas siempre perfectas»).

Probablemente nunca te hayas parado a decir en voz alta estas expectativas o reglas de vida que tienes tan interiorizadas. No ha hecho falta, las has asumido mientras las has ido aprendiendo y así has creado tu juego. Delineaste y definiste cada casilla sin ser consciente del todo.

Y no solo tus padres o cuidadores te las transmitieron, la sociedad tuvo un papel muy importante en las normas que te creaste. Si veías que la sociedad te premiaba o te castigaba por ciertas cosas, asumiste que debías seguir haciéndolas o dejar de hacerlas. Y no únicamente por cómo te trataban a ti, también al observar lo que veías con los demás. Por ejemplo, si en algún punto de tu vida adelgazaste y te lanzaron muchos piropos, aprendiste que eso era algo importante y que te valoraban por ello. Por ello mismo te creaste la regla de vida de: «tengo que estar delgado para tener valor». O si veías en la tele lo mucho que criticaban a un famoso por engordar y lo mucho que piropeaban a otro que había adelgazado también hiciste la misma atribución.

Entonces ¿las reglas son malas? ¿No debo tener reglas de vida? NO, las reglas son necesarias. No estamos hablando de que el problema sea tener reglas, el problema es tener reglas de vida disfuncionales, no realistas.

Cómo son las reglas de las casillas de tu juego

Llevamos ya unas cuantas páginas hablando de las reglas que te impusiste en cada casilla de tu juego, pero aún no tienes suficiente información sobre qué las caracteriza para que las puedas destapar. Recuerda que el objetivo es identificarlas claramente, y retarlas, porque todas las ideas son hipótesis que pueden ser contrastadas mediante la experiencia.

Tampoco quieres volver a ponerte reglas que se le parezcan el resto de tu vida. Por ello vamos a ver qué caracteriza a las reglas disfuncionales:

ESTÁN ATADAS A EMOCIONES: las reglas (disfuncionales) están relacionadas con emociones muy intensas. En el momento en el que te notas emocionalmente desbordado o que estás teniendo una reacción muy potente a algo, probablemente se haya roto una regla que ha hecho descender tu marcador de valor.

Así que esto te puede servir como pista para empezar a descubrirlas. Aunque sea muy complicado pararse en ese momento tan intenso a preguntarte

¿qué regla estaré rompiendo para que me esté sintiendo así? Es cuestión de trabajar la autoconsciencia. Por ejemplo, si te sientes muy culpable y triste por haberte comido una pizza, lo más seguro es que detrás haya una regla rígida e inflexible que te dice que debes comer siempre saludable o que no tienes fuerza de voluntad y, por tanto, no eres lo bastante capaz.

NO SON RAZONABLES: si te paras a observarlas, las reglas no van en sintonía con la manera en la que funciona el mundo. Por ejemplo, pensar que si no le gustas a alguien es porque hay algo en ti que no está bien no es razonable. ¿Cómo le vas a gustar a todo el mundo? Ni la *Mona Lisa* gusta a todo el mundo y no por eso tiene menos valor.

SON EXCESIVAS: si te das cuenta se basan en sobregeneralizaciones, no se adaptan a las situaciones en las que estás, no te permiten decir: «Ah, bueno, hay que intentar que las cosas salgan bien, pero si en alguna ocasión no es así, no pasa nada». Además, no te dan la flexibilidad para pensar: «Si hoy no la cumplo, no quiere decir que valga menos». porque se basan en un pensamiento blanco o negro (todo o nada, siempre o nunca, todo el mundo o nadie). O lo hago perfecto o no valgo nada, o siempre estoy a la altura o no valgo nada, o le gusto a todo el mundo o es que nadie me valora. O tengo el contador de mi valor a 10 o no valgo nada.

Se basan también en un pensamiento absolutista. «Tengo que», «debería», en lugar de: «me gustaría», «quiero», «necesito»...

¿Cómo puede ser que se basen en un pensamiento tan rígido, tan blanco o negro si eres un adulto con capacidad de razonar? La explicación se halla, recordemos, en que la mayoría de estas reglas las desarrollaste cuando eras un niño. En ese momento no tenías una capacidad cognitiva suficiente para ver las cosas desde una perspectiva más compleja, así que tus capacidades cognitivas se continuaron desarrollando, pero esas reglas no las pusiste en duda y, por tanto, permanecieron intactas. El juego ya estaba creado y no te paraste a modificarlo.

A qué tienes que prestar atención

En el espacio nadie sabría que está en el espacio si no supiera lo que es el espacio ni el aspecto que tiene. Por lo que para saber que te encuentras delante de una regla disfuncional, vas a tener que saber qué forma tienen o como se manifiestan en tu día a día. En tu diálogo interior las reglas pueden adoptar estas formas:

Suposiciones

Las suposiciones son las conexiones entre los hechos y las consecuencias que puede tener eso en tu vida. Se ve así: SI..., ENTONCES...; SI NO..., ENTONCES... Por ejemplo: «Si no saco buenas notas, entonces no me querrán», «Si no consigo ese trabajo, pensarán que no soy suficiente», «Si no hago lo que quieren que haga, me rechazarán».

Las suposiciones describen lo que piensas que pasará si actúas o no actúas de una determinada manera. Por lo que las puedes poner a prueba con experimentos: si haces eso, ¿realmente pasará lo que tú creías que pasaría?

CONTROLADORES

Son los «debería» y «tengo que» que te imponen ser o actuar de una determinada manera para poder sentirte bien. Así que siempre que detectes en tu cabeza una imposición, estate atento porque ahí puede haber una regla disfuncional. «Siempre debo callar lo que pienso o voy a dejar de gustar a la gente», «Debo ser superproductiva o seré un fracaso», «Tengo que hacer cincuenta cosas esta mañana o si no mi día no habrá servido para nada».

JUICIOS DE VALOR

Son afirmaciones sobre qué pasaría si actuaras (o no) de una determinada manera o si fueras un tipo concreto de persona. Es importante definir qué significado exacto tienen porque suelen ser calificativos vagos e inconcretos.

Por ejemplo: «Es terrible no gustarle a todo el mundo», «Es insoportable ser rechazado». ¿Qué significa «terrible» o «insoportable»? ¿Qué consecuencias reales tiene no gustarle a todo el mundo?

Juicios a ti y a los demás

¿Ante qué circunstancias empiezas a tirarte piedras sobre tu propio tejado? ¿Qué te criticas? ¿Qué te dice eso sobre lo que esperas de ti mismo? ¿Qué pasaría si bajaras las expectativas?

También considera lo que criticas de los demás: ¿qué estándares esperas que cumplan las otras personas? Eso puede ser un reflejo de lo que te exiges a ti mismo.

Cuando te sientes especialmente bien

Cuando te has sentido especialmente bien, es probable que se deba a que has actuado según tus reglas. Por lo que echar la vista atrás y fijarte en esas situaciones te puede servir para ver cuáles son tus reglas: ¿qué es lo que realmente te hace sentir bien o muy bien? ¿Cuáles son las implicaciones de esto? ¿Qué regla has obedecido? ¿Qué estándares has cumplido?

Detecta situaciones que te provoquen malestar

¿Recuerdas que para detectar los pensamientos negativos automáticos te he propuesto un ejercicio en el que hacer un autorregistro de los momentos en que sintieras emociones incómodas o muy intensas? Pues para detectar las reglas disfuncionales y las creencias base, el proceso es parecido. Piensa en situaciones de tu día a día en las que sientas malestar. Donde hay malestar puede que se incumpla una regla.

Al hacerte preguntas, puedes ir escalando hasta descubrir la regla disfuncional y, una vez descubierta, puedes darle la vuelta para saber qué creencia subyace detrás. Aquí te pongo un ejemplo concreto con las preguntas que deberías hacerte y analizar en una situación parecida:

Ayer tuve una cena con unos amigos a la que vino también gente desconocida. Al final, éramos un montón. A mí me tocó sentarme al lado de personas que no conocía. Ellos me hacían preguntas y tal. Cuando respondía y notaba que dedicaban toda su atención, me sentía supernerviosa y avergonzada. En el momento creo que lo supe disimular bien. Pero cuando llegué a casa empecé a notar una gran tristeza, tenía ganas de llorar y no paraba de pensar en la situación de la cena. Para detectar los pensamientos que me hicieron sentir así me iba haciendo estas preguntas:

¿Por qué me sentí tan triste?

Pensamiento automático: creía que había hecho el ridículo hablando delante de los demás. Seguro que se dieron cuenta de que estaba nerviosa y, por tanto, pensaron que soy rara.

¿Qué reglas puede haber detrás de ese pensamiento? ¿Cómo creo que me debería haber comportado? ¿Qué tendría que haber pasado para que no me sintiera así?

Para que no me sintiera así:

DEBERÍA haberme sentido tranquila y que no se me notara nerviosa.

DEBERÍA haber hablado relajada y más fluidamente.

→ Los «debería» son pensamientos absolutistas. Las reglas disfuncionales normalmente se caracterizan por este tipo de pensamientos.

Posible regla: Eso puede deberse a que creo que para que me acepten siempre tengo que dar la apariencia de que lo tengo todo bajo control y de que soy normal.

→ *SI...* doy una apariencia normal, *ENTONCES...* me aceptarán (suposición).

Regla de vida: Tengo que parecer siempre normal o no me querrán (imposición).

¿Qué creencia base subyace? ¿Por qué estoy intentando aparentar siempre normalidad? ¿Qué estoy intentando tapar?

Creencia base: Creo que soy raro y las personas raras no gustan.

Experiencia de vida: Cuando era pequeño siempre me rechazaban porque era raro. Y la gente me decía que me comportara como una persona normal.

Una vez que has identificado esas creencias base y reglas de vida, puedes empezar a trabajar en su significado. Ya has visto que el juego puede tener diferentes casillas según la persona, las vas a ir descubriendo conforme te vas enfrentando a situaciones que te creen malestar en tu día a día. Por eso es importante desarrollar esa atención metacognitiva, que seas consciente de cómo te sientes y lo que piensas en esos momentos.

Después de haber detectado una regla de vida y de haber destapado la casilla, piensa en alguna situación en la que haya sucedido algo relacionado con esta regla. Siguiendo con el ejemplo de antes: «Creo que tengo que actuar siempre de una manera considerada normal y tenerlo todo siempre bajo autocontrol para sentir que tengo valor y, por tanto, mantener mi autoestima».

Luego, recuerda cómo te sentiste, qué pensaste y qué hiciste en diferentes situaciones en las que tu regla de vida estaba presente. El objetivo es determinar qué impacto tuvieron tus reacciones en tu creencia de que «eres raro». Siguiendo con el ejemplo:

Cuando actué según creía que debía (aparentando normalidad y control)

Mi <u>reacción inmediata</u> fue pensar: «Creo que no han notado que soy rara. Lo he conseguido esta vez, pero cuando nos volvamos a ver quizá se den cuenta y esperarán que todo lo que haga sea normal».

<u>Mis sentimientos</u>: Me sentí presionada e insegura.

Cuando no actué según pensaba que debía (no aparentando normalidad y control)

<u>Mi pensamiento</u>: «Nunca me van a aceptar siendo así de rara. Cómo voy a conocer a gente nueva y que me quiera si no soy capaz de hablar con personas sin que noten que soy rara».

<u>Mis pensamientos</u>: Me sentí más deprimida y tuve ganas de escapar.

Cuando no estaba claro si había actuado bien (pues no sé si aparenté normalidad o no)

<u>Mi pensamiento</u>: Asumí lo peor.

<u>Mis sentimientos</u>: Me sentí triste, vacía.

Observarte de esta manera te va a permitir darte cuenta de que en algunas ocasiones no importa lo que pase, cualquier resultado puede servir para reforzar y fortalecer la visión negativa. Y en otras puede que sí, que te haga sentir bien, pero que, como es muy difícil cumplirlo en todas las situaciones, es más perjudicial que beneficiosa.

Pon a prueba esas reglas disfuncionales pensando en todo lo anterior. Si no haces nada por cambiarlas, vas a seguir sintiéndote igual. Así que desmóntalas y sustitúyelas por otras más flexibles y adaptativas.

¿Y tú...?

(Utiliza esta plantilla para indagar en tus reglas)

_____

Piensa en una situación en la que hayas sentido malestar.

¿Por qué te sentiste así? *(Escribe el pensamiento automático que tuviste).*

_____
_____
_____

¿Qué reglas podría haber detrás de ese pensamiento? ¿Cómo crees que te deberías haber comportado?

Para que no me sintiera así...

_____
_____
_____

Posible regla:
Piensa en las suposiciones, si...entonces...

_____
_____
_____

Regla de vida:
Recuerda que es una imposición (tengo que... O...)

_____

_____

_____

¿Qué creencia base puede haber detrás de esa regla? ¿Qué estás intentando tapar?

Ejemplos de creencias sobre uno mismo: no me merezco que me quieran, no soy capaz, no soy digno de amor, soy una persona horrible...

_____

_____

_____

_____

_____

_____

Ahora piensa en otras situaciones en las que esa regla de vida estaba presente.

¿Qué pasó cuando actuaste según creías que debías actuar? Es decir, cuando cumpliste tu regla.

Pensé:

_____

_____

Sentí:

_____

_____

¿Qué pasó cuando no actuaste según creías que debías actuar?

Pensé:

_____

_____

Sentí:

_____

_____

¿Qué pasó cuando no tenías claro si actuaste según creías que debías actuar?

Pensé:

_____

_____

Sentí:

_____

_____

¿Cómo serían exactamente unas reglas «buenas» para ti?

Imaginemos que vuelves a construir el juego, dibujándolo paso a paso siendo totalmente consciente de lo que pones en cada casilla. Bueno, primero de todo, el objetivo de ese juego no sería para nada conseguir tu valor. Podrías poner como objetivo: «Sentirme en paz y vivir con serenidad».

¿Y cómo debería ser cada casilla, cada regla?

Las reglas que son beneficiosas y sirven como guía saludable suelen ser aquellas que has probado y probado según tu experiencia. Que son flexibles y te permiten adaptarte a las circunstancias de la vida.

Ejemplo de regla saludable: «Me gustaría ser una persona constante porque eso me permitiría cumplir mis objetivos».

Para empezar, si te das cuenta, no es una imposición, por lo que es flexible. «Me gustaría». Eso implica que, si en algún momento por circunstancias de la vida no puedes cumplir la regla, no pasa nada. No vas a tener menos valor por no haber sido capaz de cumplirla.

Siguiendo con el ejemplo, si estás siendo muy constante en hacer ejercicio, pero durante dos semanas no has podido practicarlo porque te han surgido unos problemas y no has tenido tiempo, sabes que no pasa nada. Cumples la regla siempre que puedes, pero si hay excepciones, no es el fin del mundo. No te hará perder en tu objetivo final de sentirte bien porque como la regla es flexible, no se descuentan puntos del marcador.

En pocas palabras...

1. Identifica una regla de vida negativa que te está perjudicando (según los ejemplos anteriores).
2. Piensa en cómo esa regla o expectativa ha repercutido en tu vida y ha retroalimentado tu sentimiento de fracasar en intentar sentirte bien y vivir tranquilo.
3. Identifica cómo te hace sentir esa regla en concreto y qué te hace pensar.
4. Cuestiona la regla, recuerda que son inflexibles y rígidas. Piensa que la desarrollaste cuando eras niño y que ahora si la pones a prueba puedes ver las cosas de una manera distinta.
5. Recuerda por qué utilizas la regla. ¿Qué cosa está

tapando? Seguro que tiene un beneficio para ti, si no, no la hubieras utilizado.

6. Ahora piensa en las cosas malas que tiene vivir con esa regla. ¿Supera lo malo a lo bueno?

7. Piensa en una regla más equilibrada, que te permita ser más flexible y sea más realista según la información que tienes sobre cómo crear unas reglas sanas. En lo que queda de libro, adquirirás más conocimientos y habilidades que te facilitarán el proceso, así que esto no termina aquí.

8. Recuerda que el objetivo del juego no es ganarte tu valor, este ya lo tienes. El objetivo es hacer cosas que te hacen sentir bien sobre ti mismo sin que esté en juego tu valor. De una manera sana. Así que durante el resto del camino del libro obtendrás más información que te permitirá ir dibujando tus casillas y los requisitos de tu juego.

7

Reconciliación con tu físico

Aunque ya te he hablado de que tu valor no tiene precio y de que has de desmontar ese juego para no seguir permitiendo que te haga sentir fracasado e incapaz todo el tiempo, las reglas sobre tu físico son las que pueden ejercer un impacto más negativo en tu autoestima y suelen ser las más difíciles de desmontar. Además, tal vez las tengas muy interiorizadas debido a que están exageradamente influenciadas por las reglas de la sociedad de la que recibes mensajes todo el tiempo. Vaya, que quizá sea una de las casillas más interiorizadas, de modo que es más que necesario dedicarle un espacio especial en este apartado a tu cuerpo y a lo que hay detrás impidiéndote apreciarlo como es.

Tu cuerpo

Como decía Sandra, el cuerpo siempre está disponible para que lo veas y lo vean. Si no te sientes seguro con la capa externa que te sostiene y es visible para todo el mundo, es casi imposible que mantengas una buena autoestima. Imagina que llevaras otras de tus inseguridades no físicas escritas en la frente, «no soy inteligente», por ejemplo, seguramente esa inseguridad se magnificaría, porque te lo estarías recordando a ti y a los demás continuamente.

Lo que repites se consolida, entra en tu memoria como algo que forma parte de ti, de tu autoconcepto. Ahora piensa en cuántas veces a lo largo de tu vida te has mirado en el espejo y te has dicho lo horrible que es «esa» parte de ti. Vamos, que tendrás más que asimilado que es horrible, por mucho que no sea cierto o esté basado en estándares estúpidos, lo has asumido así, y punto.

Imagina que estás en un campo lleno de flores de colores vívidos, das un paso y ves una flor marchita. Toda la vida habías recibido mensajes de cómo de horribles son las flores marchitas, cómo son peores que las demás, estropean el paisaje, etc. Por ello no puedes evitar mirar a esa flor marchita recordando lo que te han dicho siempre sobre lo horrible que es. Dejas de mirar las otras flores vívidas, te olvidas de mirar el todo y solo percibes ESA flor. Entras en visión túnel obviando todo lo demás.

Te basas únicamente en lo que has escuchado toda la vida y te olvidas de percibir por ti mismo el olor de las flores, el sonido del viento al mover las hojas, el sol reflejando los colores, las mariposas revoloteando. Te olvidas de cuestionar por qué esa flor marchita es tan horrible si forma parte del proceso de la vida, de la naturaleza, y que todas las flores por muy hermosas que sean van a tener alguna hoja más marchita que otra. A fin de cuenta te has dejado guiar por la percepción de otras personas y has olvidado percibir el mundo con tus propios ojos.

Esa idea que te metieron de lo horrible que es la flor

marchita equivale a todo el bombardeo de información que te han transmitido a lo largo de tu vida sobre cuál debe ser el cuerpo ideal y cómo debes conseguirlo, cómo de horrible es no tenerlo, cómo si no lo tienes debes hacer algo al respecto, cómo los y las modelos son paisajes de flores hermosas y tú, el paisaje con miles de flores hermosas, pero con algunas marchitas que no van a dejar de mirar, así que tu paisaje es horrible por eso.

Plantar nuevas flores y amar las marchitas

Como he dicho antes, no hay nada de malo en querer mejorar aquello con lo que no te sientes del todo cómodo, aceptar no significa resignarse. Querer progresar en la dirección que quieres sería como plantar nuevas flores en ese paisaje maravilloso. Al final, ese es el objetivo: darle más color a un paisaje que te gusta lleno de tonalidades y aceptar las flores marchitas como parte natural de este. Pero si no aceptas la flor «marchita» como bonita también, la flor que plantes delante quizá la tape, pero no la va a hacer desaparecer, no va a cortarla. En cualquier momento se puede volver a hacer visible. Y no quieres cortar las flores ni taparlas, sino darle más tonalidades a tu campo aceptando la normalidad de las flores marchitas.

Cómo apreciar el campo

Si no cambias la forma de percibir los cuerpos y ver la normalidad de lo que se sitúa fuera de los estándares sociales no vas a poder apreciar tu físico como un campo de flores hermosas y solo vas a verlo como un paisaje estropeado por la flor marchita.

Así que lo primero que debes hacer para poder apreciar tu campo es tomar consciencia de todos los estándares irreales que existen en tu mente y que te han metido desde pequeño y de todos los mensajes que la sociedad lanza continuamente. Es decir, se trata de que te des cuenta de cómo el contexto social te ha hecho pensar así y que personas con ciertos intereses te lo imponen como bueno o malo.

El objetivo es aprender a utilizar un pensamiento crítico y empezar a ver con tus propios ojos.

Origen de la idealización de un campo sin flores marchitas

¿Quién decide lo que es «bello» o «feo»? Supongo que habrás visto pinturas y esculturas de mujeres y hombres de siglos atrás en algún momento. Existen miles de ellas que dejaron constancia de lo que se consideraba un «cuerpo ideal» en otras épocas. Eso nos permite echar uno ojo a cómo esta visión ha fluctuado según el momento de la historia y entenderla.

Ha habido épocas en las que la figura ideal de la mujer era voluptuosa y redondeada, ya que se consideraba que tenía más capacidad para dar vida y para sobrevivir. Lo podemos ver en las venus paleolíticas. Eso sí que era dar importancia a lo importante, ¿qué va a ser más importante que sobrevivir? En otras se ensalzaban la simetría y el cuerpo musculoso en los hombres. En otros momentos, se destacaban las curvas irreales que obligaban a usar corsés que provocaban daños en los órganos de las mujeres; y en los años noventa y dos mil se idealizó el cuerpo delgado que llevó a que muchas chicas y chicos desarrollaran trastornos de alimentación.

Sí, exacto, se elogiaba todo lo contrario a sobrevivir, es más, llegar a conseguir ese ideal implicaba ir en contra de nuestra naturaleza humana: perder la capacidad de la mujer de tener hijos e incluso desarrollar trastornos de alimentación muy severos que podían conducir a la muerte.

Y a día de hoy se están idealizando cuerpos delgados y con curvas en ciertas partes o rasgos corporales que solo puedes conseguir si pasas por el quirófano. Podríamos decir que en el «progreso de las sociedades» no solo se está matando paisajes preciosos con el cambio climático, sino que también se está consiguiendo que cortemos nuestras propias flores.

Pero no quiero que te lleves una visión fatalista de la situación. De estas páginas tienes que sacar la idea de que, aunque la sociedad te quiera imponer una visión rota de qué es lo bueno y qué es lo malo, siempre vas a tener en tu mano el cuidar de tu cuerpo desde el amor, crecer en la dirección que te interesa y no en la que les interesa a los demás, filtrar esa estimulación que sabes que no te beneficia o hacer ejercicios de consciencia de lo que está bien o no.

Ahora sabes que la imagen corporal perfecta de la sociedad siempre va a depender de la época y los intereses que hay detrás: venderte cosas para que adelgaces, que pagues operaciones estéticas para conseguir cuerpos que no se podrían conseguir de manera natural... Y el problema no está en que si quieres hacerte alguna operación estética te la hagas. Es una forma de plantar flores también. El problema es que pienses que, si no plantas esa flor, tu campo no tiene valor. El problema aparece cuando plantar flores implica matar otras flores que no se ven, cuando para lograr que tu físico se vea de una determinada manera sacrificas tu salud física y mental.

Aprende a detectar las cosas que te impiden apreciar tus flores

Imágenes irreales: las fotos que ves en Instagram de personas que consideras perfectas siempre esconden algún retoque, filtro, o simplemente es su mejor postura para realzar lo que les interesa. Existen muchas cuentas que muestran lo auténtico y no maquillado de la realidad, así que recuerda echarles un vistazo de vez en cuando para tener una perspectiva realista de la «normalidad».

Interés en que piques el anzuelo: «consigue el mejor culo», «consigue los mejores abdominales para enamorarlas a todas», «consigue el cuerpo ideal». Todos estos titulares tienen un interés detrás, y no es que te quieras más, sino venderte algo. No te dejes llevar por los intereses de los demás, decide tú lo que te interesa: «¿me permite esto plantar flores nuevas sin matar las que ya tengo?», «¿me permite progresar en la dirección que yo quiero sin sacrificar mi bienestar y salud?».

Recuerda que detrás de los físicos se esconden intereses de personas con mucho poder de seguir vendiendo más sin importarle tu salud. Un dato curioso que quizá te haga reflexionar es que en 1995, antes de que llegara la televisión, en Fiyi no había casos de trastornos de alimentación. Tres años más tarde, el 29,2 por ciento de las chicas había desarrollado algún tipo de trastorno.

Estrategias poco realistas: esos cuerpos «perfectos» de personas famosas a las que estás acostumbrado a ver en la tele o en las redes sociales esconden un trabajo que no es sostenible para una persona que no dedique su vida entera a «cultivar su cuerpo». Por ejemplo, entrenar entre ¡noventa minutos y seis horas al día! O realizar tratamientos estéticos que valen muchísimo dinero y que ni siquiera sabes que existen.

FRENTE AL ESPEJO: ponte con la menor ropa posible delante del espejo y enumera una lista de cosas que te gustan de ti, incorpóralo a tu rutina. También puedes indicar aspectos que no sean físicos.

Pasar tiempo desnudos es un ejercicio que te permite aprender a estar a gusto con tu cuerpo sin la necesidad de tapar eso que no te gusta.

ESCRIBE UNA CARTA a tu yo «pequeño» aclarándole todos los costes que conlleva querer alcanzar un físico determinado sin importar el método para conseguirlo. Explícale también qué le recomendarías para evitar desarrollar problemas de imagen corporal.

ESCRIBE UNA CARTA a aquellas personas en tu vida que te han presionado a tener una apariencia específica. Háblales sobre cómo te ha afectado y piensa en cómo les responderías ahora.

ACTIVISMO: señala diez cosas que podrían hacer las personas para resistirse al ideal de belleza y apariencia. El objetivo es tener un impacto real en el mundo en alguna medida. Piensa que eres un activista social que está combatiendo el ideal de belleza. ¿Qué podrías evitar decir, hacer o aprender para luchar en contra de este ideal de belleza no sano en tu comunidad? Y lleva a cabo dos de esas acciones que has identificado esta semana.

Ejemplos:

- Escribir una carta a una marca que solo contrata chicas delgadas para sus campañas de moda en la que propones la inclusión de más formas de cuerpos.
- Escribir en un pósit frases del estilo «te ves genial» y pegarlo en los baños de tu trabajo.
- Comentar en redes sociales aspectos positivos que no tengan que ver con la apariencia física.
- Haz un vídeo hablando del tema en TikTok.

DETECTA frases que se dicen en el día a día que promueven este ideal de belleza y combátelas. El objetivo no es que la otra persona cambie de opinión, es complicado querer que los demás vean de otra forma las cosas simplemente porque les digamos lo contrario y esto puede ser frustrante. Lo que pretendes lograr es no seguir contribuyendo en esta cultura que fomenta un ideal poco realista. De este modo también lo haces más consciente y lo interiorizas. Aquí tienes algunos ejemplos:

X: «Mira qué cuerpo».

Respuesta: «No veo nada malo en el cuerpo de nadie».

X: «No voy a cenar para que el vestido no me marque tripa».

Respuesta: «El vestido te queda genial con barriga o sin ella».

AFRONTACIÓN: piensa en las cosas que no haces debido a preocupaciones sobre tu cuerpo. Te propongo un reto: hacer todo eso que no haces porque te avergüenzas de tu cuerpo y te demuestres que puedes hacerlo y que tus miedos a veces no tienen base alguna. Aumentará tu confianza. Por ejemplo, ir al gimnasio en pantalones cortos, top, camisetas apretadas..., hacer ejercicio en público, ir al gimnasio, a correr o a caminar en hora punta, llevar una prenda de ropa que te encanta, pero piensas que no te favorece...

CONVERSACIÓN POSITIVA: habla sobre tu cuerpo de una forma positiva:

- Elige alguien de tu entorno de confianza y habla con esa persona sobre un aspecto que os gusta de vosotros mismos.
- Recuérdate todo lo que tu cuerpo te permite hacer: levantarte, caminar...
- Empieza a corregirte cuando estás teniendo una conversación negativa contigo mismo sobre una parte de tu cuerpo que no te gusta. Cuando lo detectes, menciona algo positivo de esa parte de tu cuerpo que estabas criticando.

Por ejemplo: «Odio mis brazos». → *«Estoy agradecida de que mis brazos me hayan permitido ducharme, escribir, coger x...».*

- La próxima vez que alguien te haga un comentario positivo, en lugar de minimizarlo, agradécelo.

CUIDA TU ESTIMULACIÓN: sabes que los mensajes que recibes pueden acabar calando y son lo que te predispone a los pensamientos o emociones que tendrás después.

Evita seguir a usuarios de las redes sociales que hacen comentarios perjudiciales sobre el físico de los demás o que muestran conductas que ensalzan ideales de belleza no sanos. por ejemplo: «Uf, estas Navidades me he pasado comiendo, voy a tener que hacer una dieta para compensar», «yo adelgacé dejando de comer x», «tengo que salir cada día a caminar una hora como obligación o me siento fatal». No queremos criminalizar a estas personas porque seguramente están en su proceso y no tienen intención de perjudicar a nadie, pero no te interesa estar recibiendo esa estimulación. En su lugar, sigue a gente que te inspire, te aporte conocimiento, cercanía, entretenimiento y que no realicen este tipo de comentarios o mantengan actitudes que te pueden perjudicar.

AFIRMACIONES para recordar:
- «Mi cuerpo merece amor sin importar cómo se vea».
- «Mientras me deba a mis razones de ser y actúe según estas, no importa lo que opine el resto».
- «Lo que los otros piensan sobre mi cuerpo o el de otras personas es un problema que deben gestionar ellos, yo no tengo nada que ver con eso».
- «Compararme con otros cuerpos me destruye, voy a centrarme en mi bienestar general, el camino de cada persona es único».
- «Elijo la salud, antes que el físico».
- «Mi valor va mucho más allá de mi cuerpo».
- «Merezco ser tratada con amor y respeto, de la misma forma que lo merece todo el mundo. Por tanto, me hablaré con respeto a mí y haré lo mismo con los demás».

¿Y si no funciona lo anterior?

Las creencias que persisten

Vale, todos los ejercicios que te he enseñado antes para destapar tu juego y destruirlo están genial y funcionan la mayoría de las veces. Pero... existen ocasiones en que, aunque hayas descubierto tu creencia base —lo que piensas realmente sobre ti, eso escondido detrás de la casilla— y racionalmente sepas que ni está basada en evidencias ni es lógica, muy dentro de ti sigues sintiéndola igual. Sabes que no eres un fracasado, que no hay evidencias que lo demuestren, pero no dejas de verte así. Has descubierto el juego y estás intentando cambiarlo, pero parece que no acaba de funcionar.

Si es tu caso, no te preocupes, no es nada raro. Puede deberse a que esa creencia tiene una carga emocional muy intensa y negativa, probablemente porque has vivido una situación bastante traumática que te ha hecho pensar así de ti. Para modificarla y que deje de tener impacto en tu vida, deberás acceder a tu memoria autobiográfica para alterarla desde ahí, desde la imaginación. No basta con contradecirla y demostrarte que no es cierta, habrá que llegar al recuerdo.

Antes, sin embargo, tienes que entender de forma muy general cómo funciona tu memoria, ya que, para alterar ese recuerdo, tienes que utilizar la memoria a tu favor.

¿Cómo se forman los recuerdos?

Los recuerdos se forman mediante un proceso denominado consolidación. No tiene mucho secreto, se llama así porque ese recuerdo pasa de un estado poco estable, en el que se puede modificar la información muy fácilmente, a uno más permanente. De igual forma que el cemento, que cuando está húmedo puedes moldearlo como quieras, hasta que se compacta y endurece. Vaya, que el recuerdo se consolida en la memoria.

Este proceso de consolidación no es inmediato. Cuando algo sucede o intentas aprender, esto no pasa a formar parte de tu memoria a largo plazo de forma instantánea (ojalá en algunas ocasiones fuera así, ¿no?). Para que el suceso se convierta en un recuerdo, se necesita un tiempo que puede durar entre diez minutos y seis horas.

Reconsolidación

Pasar de pensar que eres tonto a que no lo eres no es tan fácil como decirte «no soy tonto». Introducir en tu memoria información que contradice la idea que ya tienes de ti requiere transformar tus esquemas mentales sobre quién y cómo eres. No basta con añadir nueva información al esquema.

Tu mente necesita coherencia, por lo que si tu esquema mental se basa en que eres un desastre y lo contradices diciéndote que eres talentoso, esa información no se va a incorporar a la imagen que tienes de ti. No va a cambiar cómo te ves. Debes modificar ese esquema.

Este proceso, cuando alteras ese esquema o idea sobre ti, se llama reconsolidación. Una vez que accedes a esa información dentro de tu memoria que te dice «soy un desastre», hay un tiempo limitado para ser modificada, volverse a consolidar y que pase a formar parte de tu esquema.

Este es el proceso que realizas cuando alcanzas tu creencia base. Haces consciente ese esquema mental que tienes sobre ti mismo y lo modificas desde la base para que se incorpore a la imagen que tienes de ti. Debes tener muy presente, no obstante, que el periodo para que esa imagen nueva que quieres se integre en ti es de entre diez minutos y seis horas. Por lo que de poco servirá si únicamente descubres la creencia base, te dices a ti mismo que eso no es así y la dejas ir. Debes insistir, repetírtelo, demostrártelo con experimentos hasta que se reconsolide en la memoria.

Utilizar la memoria autobiográfica

Aun así, como te decía en un principio, hay ocasiones en que, por mucho que intentes desmontar tus creencias base disfuncionales («Soy un fracaso», «No tengo control», «Soy feo», «Soy estúpido», «Soy débil») de manera lógica y racional y utilizando esa información sobre cómo funciona la reconsolidación, no lo llegas a asimilar del todo. Muy en el fondo sigues sintiéndote igual.

Esto sucede porque episodios que te sucedieron en el pasado guardan una carga emocional negativa muy intensa y retienen esa creencia «encapsulada», por lo que, aunque te esfuerces en negarlo con la lógica, no puedes acabar de desmontar esa creencia.

Por ejemplo, es posible que de niño vivieras una situación muy traumática de bullying en la que te repetían que eras tonto de maneras ofensivas. Eso te pudo generar una emoción negativa muy intensa que hizo que se quedara anclada dentro de ti esa sensación de que eres tonto y pasó a ser una casilla en el tablero de tu juego que, aunque lo intentes con ahínco, no puedes destruir.

En este caso, lo idóneo es utilizar una técnica que se llama reescripción en imaginación. Consiste en acceder al episodio de ese recuerdo tan emocionalmente intenso, cambiar el contenido y reescribirlo para que adquiera sentido con la creencia base que estás intentando crearte y deje de tener tanta carga emocional negativa. Esto es posible porque, una vez que accedes a un episodio, aprendizaje o esquema pasado retenido en tu memoria, puedes modificarlo durante el periodo de reconsolidación, momento en que la información es susceptible a ser cambiada. Así que, si el trabajo que has hecho anteriormente de forma verbal no ha tenido resultado, rescata esas creencias base que has identificado, ya que vas a hacer un trabajo un poco más intenso.

Al realizar este ejercicio puede que sientas emociones intensas porque vas a acceder a recuerdos que tienen una carga emocional aguda para ti. Pero va a ser momentáneo, puesto que vas a poder interferir sobre ellos. Ten presente que hacer uso de la imaginación implica utilizar todas tus modalidades sensoriales: visuales, auditivas, sinestésicas...

EJERCICIO REESCRIPCIÓN EN IMAGINACIÓN

1. **RESCATA UNA CREENCIA BASE** identificada anteriormente con una intensidad emocional alta.
Ejemplo: «No soy digna de que me quieran».

2. **PIENSA EN EL RECUERDO MÁS LEJANO** (quizá de tu infancia) relacionado con esa creencia y consecuentes pensamientos.
Ejemplo: «La profesora en el colegio me dijo delante de todos mis amigos que no me iban a querer nunca porque era tonta».

3. **REVIVE ESE RECUERDO**
Cierra los ojos, imagina que estás en ese momento.
¿Qué ves, escuchas, hueles, sientes en tu piel y experimentas en tu cuerpo?
Identifica qué estás sintiendo y pensando en primera persona.

4. **REESCRIBE EL RECUERDO**
Ahora piensa en alguien de tu entorno, que sea una figura segura, que puedas introducir en esa situación. También puede ser tu «yo» adulto.
A tu «yo» de ese recuerdo, ¿qué le hubiera gustado escuchar de esa figura (tú o la otra persona)? ¿Qué necesitas? ¿Qué quieres? ¿Qué haría esa figura externa en ese momento? ¿Y cómo te sentirías si eso pasara?
Imagínate que eso que necesitas o quieres está sucediendo en esa situación. ¿Cómo te sientes después de que eso haya sucedido?

El objetivo es repetir este proceso hasta que la última respuesta a la pregunta de «cómo te sientes» sea mucho mejor que la primera.

8

Conócete

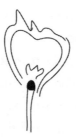

Llegados a este punto, has aprendido a desmontar el juego que te dañaba y te hacía sentir miserable todo el tiempo. También ha quedado claro que tu valor no está en juego, que está por encima de cualquier cosa; pero, aunque lo sepas, ahora tienes que darte cuenta de él. Debes mirarlo a los ojos. Por mucho que hayas dejado de decirte «soy un fracasado, soy tonto», no te vas a sentir válido si no eres consciente de todo lo bueno que te caracteriza y aprendes a canalizarlo de una manera que te haga sentir bien.

Así que para apreciar cómo de valioso eres, más allá de desmontar todas esas creencias negativas que no te pertenecen, necesitas reparar en lo que te define para poder crearte una imagen de ti que sí se ajuste a la realidad, positiva y que te haga sentir bien contigo mismo.

Hasta ahora has puesto atención al ruido de tu cabeza, a aquello que te estaba dañando, así que es momento de fijarte en la luz que irradias sin ser consciente y en cómo puedes direccionar esa luz para que te ilumine el camino correcto.

Vaya, que es el momento de que te fijes en lo bueno que te ofreces a ti mismo y al mundo. Y también, de que seas consciente de lo que es realmente importante para ti, que enfoques tu energía de una manera que te haga sentir más pleno y encienda más tu luz, en lugar de direccionarla hacia cosas que no te hacen feliz y te apagan.

Por ello, vamos a trabajar hacia dónde diriges tu luz, es decir, cuáles son tus razones de ser, y, por otra parte, cómo es tu luz, esto es, cuáles son tus fortalezas.

Hacia dónde direccionas tu luz

Las razones de tu vida

¿Recuerdas que al principio del libro te decía que eres la llama capaz de generar tu propia luz? Pues lo eres, pero si pones la llama en el lugar incorrecto puede que se apague. Y no por ti, sino porque no estás generando luz en el lugar correcto.

Por desgracia, es común que nos desconectemos de lo que realmente nos hace felices. Nos dejamos llevar por la dinámica de la vida y olvidamos lo que en verdad es importante para nosotros. Y si no estamos conectados con aquello que nos llena, estamos destinados a una vida vacía, a sentirnos mal con nosotros mismos, a tomar decisiones en modo automático o sin ser conscientes de cómo con cada decisión nos dañamos un poco más.

A eso que es relevante para nosotros se le llama valores, aunque yo prefiero las razones, y me voy a referir a ellos así de ahora en adelante. Son nuestra razón de ser, aquello que realmente debe motivarnos en la toma de decisiones, a ponernos objetivos, son lo que importa de verdad y que nos permite mantener nuestra luz.

En este apartado vamos a trabajar eso, que hagas conscientes tus razones de ser y que te des cuenta de su importancia en tu vida. Tenerlas claras:

Te permitirá dirigir tu camino yendo hacia un lugar importante para ti y que no te apague.

Te otorgará la posibilidad de tomar decisiones cada día que te harán sentir bien y que tendrán coherencia con la persona que eres y con lo que mueve tu mundo interno.

Y tomar esas decisiones que te hacen sentir bien también hará que te percibas como más capaz y válido. Por tanto, tendrá un impacto positivo en tu autoestima.

Sin razones, sin rumbo

¿Crees que te mueves por la vida con intención de ir hacia algún lugar o de escapar de algún lugar? Muchas veces, por querer alejarte de un sitio que te hace daño o dejar de sentirte de una determinada manera, vives escapando, sin saber muy bien hacia dónde te diriges, solo teniendo muy claro dónde no quieres estar.

Creo que todos somos conscientes de que escapar nunca es muy buena opción a no ser que sea cuestión de vida o muerte. De que veamos que no poseemos las capacidades necesarias para que eso que tenemos delante no nos sobrepase. Lo que pasa es que pocas veces es cuestión de vida o muerte. En la mayoría de las ocasiones, tienes las capacidades necesarias para hacer frente a lo que temes, solo que quizá te falte ser consciente de ello.

En pocas palabras...
Escapar es vivir sin luz.

Un ejemplo de que vivir escapando es vivir con la llama apagada soy yo. He vivido escapando más de la mitad de mi vida. Arrastro un problema de salud desde que tenía trece años que me causa dolor de tripa casi todos los días. Ese malestar ha condicionado mi vida por miedos que desarrollé. Miedos a tener dolores en sitios en los que no podía estar tranquila y sola. Miedos a tener que ir al baño en lugares donde no había baño.

El resultado es que pocas veces he ido en la dirección en la que yo quería realmente, según mis razones de ser. He vivido mi vida huyendo de cosas que intentaba evitar que sucedieran. Y eso provocaba que me sintiera mal conmigo misma, consideraba que no podía marcarme ciertos objetivos, apuntarme a planes que me gustaban... En resumen, algo dentro de mí me gritaba que no era capaz de hacer nada valioso. Me desconectaba de lo que era importante para mí. Me sentía apagada.

Dentro de mi corazón siempre he tenido claro que me gustaba la psicología clínica. Siempre he querido estar ahí para los demás. Recuerdo que, cuando era adolescente, a menudo me sentía impotente por no saber dar la respuesta adecuada a mis amigos cuando tenían algún problema. Me decía a mí misma que ojalá supiera qué hacer o qué palabras utilizar para que se sintieran mejor. Admiraba a las personas que sabían cómo estar ahí. Por eso decidí estudiar Psicología: para poder ayudar a los demás.

Pero había temporadas en la carrera en las que estaba tan mal de salud que me desconectaba de esa razón de ser que era fundamental para mí. Mi mente solo se centraba en buscar vías que me hicieran llevar mejor mi enfermedad profesionalmente, no importaba lo que hiciera, sino que me sintiera segura con mis dolores. Es decir, ya no pensaba en ser psicóloga, sino en sobrevivir con mi malestar.

Mi mente razonaba: «¿Cómo vas a estar en una consulta y dejar al paciente a medias porque no te encuentras bien para escucharle atentamente? ¿Cómo vas a salir en medio de la sesión al baño?».

Así que empecé a buscar alternativas. Cuando me licencié, escuché hablar del neuromarketing, y se me ocurrió que quizá fuera un trabajo que podría complementar mejor con mis dolores y me sonaba creativo. Como siempre me había gustado la creatividad, pensé que podría ser una buena opción. Pero terminé el máster y me di cuenta de que no era para mí. Me sentía perdida. No sabía qué hacer. Estaba totalmente desconectada de quien era.

Al final, reconecté con mis razones de ser. Recordé que lo que yo quería era ayudar. Y encontré mi manera de hacerlo: la divulgación. Tal vez mi salud no me permita en un momento dado de mi vida ayudar a personas en una consulta, pero he encontrado la manera de dirigir mi vida hacia un punto basado en mis razones, en lugar de moverme escapando, porque eso me hacía sentir perdida, vulnerable, sin propósito.

Dejé de vivir con miedo y encendí mi luz para enfrentarme a él.

¿Y tú...?

¿Vives con razón de ser o escapando de algo que te da miedo? ¿Sientes que tienes apagada tu luz?

La importancia de las razones

Ser consciente de lo que es valioso para ti es indispensable para llevar una vida con significado, como te decía. Las razones de tu vida son los deseos más profundos de tu corazón, lo que realmente te importa. Por lo que cuando los tienes claros, puedes tomar decisiones aquí y ahora que te hacen sentir bien y pleno.

Si para ti es importante el amor hacia tu familia, puedes hacer algo ahora mismo por tu madre que te haga sentir bien: darle un beso, preguntarle cómo está, abrazarla, preguntarle si necesita algo, hablar un rato con ella. Pero si no tienes presente lo importante que es eso para ti, a lo mejor no tienes estos pequeños gestos que tan bien te hacen sentir, quizá no desarrolles estos pequeños hábitos que dan la vuelta a tu día. Simplemente por la falta de consciencia y claridad.

Y no se trata solo de conductas, se trata también de clarificar cómo quieres tratarte a ti mismo, a otras personas y al mundo que te rodea. Sacar a la luz eso te permitirá darte cuenta de qué fortalezas puedes desarrollar más.

Cómo conocer tus razones de ser

A continuación, incluyo unas preguntas y ejercicios que te van a ayudar a clarificar qué es lo realmente importante para ti, tus razones de ser en diferentes áreas para que las alinees con tu vida y te sientas bien contigo.

Antes de empezar, sin embargo, tienes que tener presente lo siguiente:

Las razones de ser no son objetivos. Así que debes concentrarte en cada pregunta de manera que tengas en cuenta tu orientación general en la vida, no objetivos específicos. Por ejemplo, ser afectuoso con la gente de tu entorno sería una razón de ser, mientras que hacer amigos sería un objetivo.

Debes pensar en estas respuestas como si nunca nadie fuera a juzgarte por ellas. Medita sobre lo que realmente quieres tú en el fondo de tu corazón, no sobre lo que los demás pueden haberte hecho pensar que debe ser importante para ti. Así que, si los otros fueran a apoyarte sin importar la respuesta que dieras, ¿qué dirías?

En las siguientes preguntas encontrarás diferentes áreas de tu vida sobre las que reflexionar, no todas tienen por qué ser importantes para ti. Cada uno tiene unas razones de ser diferentes, y estas son representativas de áreas que algunas personas valoran. Si hay un área que no es significativa para ti, por ejemplo, la vida en comunidad o la carrera profesional, puedes saltarla.

Familia

¿Qué tipo de hermano/hermana, tío/tía, hijo/hija... quieres ser? ¿Qué cualidades personales te gustaría aportar en estas relaciones? ¿Qué tipo de relaciones te gustaría construir? ¿Cómo interaccionarías con estas personas si fueras tu «yo ideal»?

Pareja sentimental

¿Qué tipo de pareja te gustaría ser? ¿Qué cualidades personales te gustaría desarrollar? ¿Qué tipo de relación te gustaría construir? ¿Cómo interaccionarías con tu pareja si fueras tu «yo ideal»?

Amistad y vida social

¿Qué tipo de cualidades te gustaría aportar en tus amistades? Si pudieras ser el amigo «ideal», ¿cómo te comportarías con tus amigos? ¿Qué tipo de amistades te gustaría construir?

Trabajo

¿Qué valoras en tu trabajo? ¿Qué lo haría más valioso? ¿Qué tipo de trabajador te gustaría ser? Si vivieras según tus estándares ideales, ¿qué cualidades personales te gustaría aportar en tu trabajo? ¿Qué tipo de relaciones laborales te gustaría construir?

Educación, crecimiento personal y desarrollo

¿Qué valoras de aprender, formarte y desarrollarte personalmente? ¿Qué habilidades te gustaría aprender? ¿Qué conocimiento te gustaría tener? ¿Qué tipo de estudiante te gustaría ser? ¿Qué cualidades personales te gustaría aplicar?

Tiempo libre y placer

¿Con qué tipo de hobbies, deporte o actividades disfrutas en tu tiempo libre? ¿Cómo te relajas y desconectas? ¿Te diviertes de alguna manera? ¿Qué tipo de actividades te gustaría hacer?

Ciudadanía, entorno y vida en comunidad

¿Cómo te gustaría contribuir en tu comunidad o entorno (reciclando, haciendo voluntariado...)? ¿Qué tipo de ambiente te gustaría crear en tu casa y en el trabajo? ¿En qué entornos pasas más tiempo?

Salud y bienestar físico

¿Cómo quieres cuidar tu salud en relación con tus patrones de sueño, dieta, ejercicio, tabaco, alcohol...? ¿Por qué es importante?

Una vez que hayas contestado todas estas preguntas, vamos a resumir la información y valorar si estás llevando una vida de acuerdo a estas razones de ser o, por el contrario, tienes que redirigir tus conductas de acuerdo a estas.

DOMINIO	Lo que valoras (Resumen en 1 o 2 líneas)	Importancia (Del 1 al 10 ¿cómo de importante es esta razón de ser?)	Éxito (Del 1 al 10, ¿has conseguido vivir según lo que valoras los últimos meses?)	Ranking (De todos los ámbitos, ¿cuál es prioritario trabajar ahora?)
FAMILIA				
PAREJA SENTIMENTAL				
AMISTAD Y RELACIONES SOCIALES				
TRABAJO				
EDUCACIÓN, CRECIMIENTO PERSONAL				
ACTIVIDADES PLACENTERAS (hobbies...)				
ENTORNO Y VIDA EN COMUNIDAD				
SALUD Y BIENESTAR FÍSICO				

Ejemplo:

DOMINIO	Lo que valoras (Resumen en 1 o 2 líneas)	Importancia (Del 1 al 10, ¿cómo de importante es esta razón de ser?)	Éxito (Del 1 al 10, ¿has conseguido vivir según lo que valoras los últimos meses?)	Ranking (De todos los ámbitos, ¿cuál es prioritario trabajar ahora?)
FAMILIA	Afectividad con mis padres, tener una relación basada en la amabilidad.	8	4	6
PAREJA SENTIMENTAL	Consideración, tolerancia y afecto. Respetar y tener en cuenta las necesidades de mi pareja y ser amable.	10	7	7
AMISTAD Y RELACIONES SOCIALES	Ser leal, gentil y afectuoso.	7	7	3
TRABAJO	No es importante en este momento de mi vida.	x	x	x

EDUCACIÓN Y CRECIMIENTO PERSONAL	**Ser competente** en la forma de comunicarme en todos los aspectos de mi vida y **ser gentil y bueno** conmigo mismo.	10	7	1
ACTIVIDADES PLACENTERAS (hobbies...)	**Pasarlo bien** más a menudo y estar conectado con el momento presente.	10	5	2
ENTORNO Y VIDA EN COMUNIDAD	**Ser más respetuoso con el medio ambiente** consumiendo menos fast fashion	7	5	4
SALUD Y BIENESTAR FÍSICO	**Cuidar de mi salud** desarrollando constancia y consciencia de lo que como y de la actividad física semanal.	10	7	5

Ejemplos de razones de ser:

Aceptación: a mí mismo y a los demás.

Aventura: ser aventurero.

Amor: hacia mí mismo y hacia los demás.

Apoyo: ser solidario.

Autenticidad: ser auténtico y genuino.

Compromiso: en lo que estoy haciendo.

Curiosidad: ser curioso y de mente abierta.

Sexualidad: explorar y expresar mi sexualidad.

Amabilidad: ser amable con los demás y conmigo.

Gratitud: agradecer y apreciar.

Libertad e independencia: elegir cómo vivir y ayudar a los demás a hacer lo mismo.

Acción comprometida

Ahora ya has clarificado lo que realmente es importante para ti en cada área de tu vida y has valorado hasta qué punto has actuado de acuerdo con eso en los últimos meses. Pero y ahora ¿qué?

Ahora viene la parte de comprometerte contigo. Y para ello vas a planificar, a ponerte objetivos orientados a esas razones de ser y a actuar basándote en estas. Así que coge tu ranking anterior y empieza por esa área que es prioritaria trabajar. Aquella a la que le has puesto orden de prioridad número 1. A continuación tienes una tabla que te puede servir como modelo y ejemplo. Cópiala en una hoja de papel y rellena cada uno de los apartados de la siguiente manera:

DOMINIO: EDUCACIÓN Y CRECIMIENTO PERSONAL			
RAZÓN DE SER: Competencia			
OBJETIVO: Desarrollar competencia en la comunicación interpersonal			
PASOS PARA CUMPLIR EL OBJETIVO	BARRERAS PARA CUMPLIR EL OBJETIVO	ESTRATEGIA	FECHA PARA LOGRARLO
1. Leer sobre cómo comunicarme mejor.	Procrastinación	Comprarme un libro sobre comunicación interpersonal y leérmelo.	Dentro de un mes, en la semana 5
2. Practicar la conversación con desconocidos.	Vergüenza, miedo y procrastinación	Descargarme una aplicación de conocer gente y quedar con una persona desconocida.	Semana 6 y 7
....	...	...	...

9

Tu luz

Las fortalezas

Los humanos tenemos una tendencia innata a prestar más atención a los aspectos negativos que a los positivos. Y si a esto se le suma que, como hemos visto antes, el entorno ha puesto siempre énfasis en recalcar lo negativo que tienes, es muy probable que seas poco consciente de tus fortalezas.

Por eso deberás poner de tu parte para tomar consciencia sobre ellas y trabajar en aquellas que te puede venir bien cultivar. Comprobarás que esto va a tener un impacto positivo DIRECTO sobre tu autoestima.

Y no solo te vas a valorar mejor a ti mismo, sino que además adquirirás más seguridad al enfrentarte a nuevas situaciones porque vas a ser consciente de que tienes las capacidades para hacerlo, de que tienes una llama suficientemente potente para alumbrar, y no solo la tienes sino que sabes que la tienes.

¿Recuerdas la típica pregunta de las entrevistas de trabajo: «Dime tres cualidades tuyas y tres defectos»? La verdad es que yo siempre había tenido pánico a esa pregunta, me la tenía que aprender antes de ir. Imagina tener tan claro lo que eres que puedes contestar sin prepararte la entrevista con una semana de antelación. Pues eso es posible cuando te conoces bien.

También recuerdo muchas veces la sensación de inseguridad al conocer gente nueva, y no solo por ser vergonzosa, que eso no va a desaparecer conociendo las fortalezas, sino por desconocer realmente aquellas cosas que me proporcionaban un alto valor personal. Tenía la sensación de que quizá no tenía nada que aportar a la conversación, de que si me preguntaban por mí se iban a decepcionar porque soy una persona poco interesante. Ahora sé que todos, absolutamente todos, tenemos cosas interesantes que aportar, solo que a lo mejor no nos hayamos dado cuenta aún.

¿Qué son las fortalezas?

Las fortalezas son tanto las estrategias que utilizas en tu día a día para gestionar situaciones que pueden suponer un reto como las creencias y valores personales que te pueden ayudar a construir una habilidad en la que quieras trabajar. Es decir, son la luz que tienes y las capacidades que posees para hacerla alumbrar aún más.

Cómo detectar tus fortalezas

Tienes muchas fortalezas, no te conozco, pero lo sé. Porque estoy segura de que casi cada día afrontas alguna dificultad con éxito o intención, muchas veces incluso sin ser consciente. Solo te falta darte cuenta de que las tienes, y el siguiente ejercicio te va a permitir hacerlo.

Quien sube una montaña cada día no se da cuenta de que es un reto que cumple constantemente porque lo tiene normalizado. Por eso, un ejercicio muy efectivo para ser consciente de tus fortalezas es poner atención a esas áreas de tu vida en las que realizas una misma actividad desde hace bastante tiempo. La cosa está en que, cuando llevas haciendo algo durante mucho tiempo, es casi seguro que te hayas encontrado obstáculos que has tenido que sortear para poder seguir haciéndolas. Es decir, vas a observar las áreas no problemáticas de tu vida para ver qué fortalezas has utilizado en ellas. Por ejemplo, si te gusta ir al gimnasio varios días a la semana y llevas un año haciéndolo, probablemente durante estos meses te hayas topado con algún obstáculo que ha podido impedirte hacerlo y hayas recurrido a alguna estrategia para sortearlo.

¿Qué cosa haces cada día o a menudo porque realmente quieres hacerlo?

Para Ana esto era hacer ejercicio.

¿Qué dificultades encuentras en eso que haces?

Ana muchos días encontraba que tenía mil cosas que hacer y no tenía tiempo.

Ante esas dificultades, ¿qué haces para que no te impidan realizar eso que realmente quieres hacer?

En el caso de Ana era priorizar y organizar muy bien su tiempo.

¿Cómo afrontas cuando no puedes hacerlo o no te sale bien?

Ana es flexible y no se frustra si un día no puede ir. Realmente sabe que a veces hay que priorizar otras cosas y tiene presente que el motivo por el que hace ejercicio es sentirse mejor y tener salud. Y por no ir dos días no pierde ese beneficio.

En este caso, vemos que Ana es una persona que sabe organizarse bien, es flexible y tiene mucha autocompasión.

MODELO PERSONAL DE RESILIENCIA Y FORTALEZAS (Ejemplo: Ana)		
FORTALEZAS	ESTRATEGIAS	METÁFORAS QUE UTILIZAS
Constancia. Le gusta hacer actividades que le hacen sentir bien (ejercicio). Se preocupa por su salud. Tiene flexibilidad, capacidad de planificación y organización. Autocompasión.	Piensa en cómo adaptar su día para poder hacer ejercicio. Si no encuentra un hueco, prioriza escuchar al cuerpo, y si está muy cansada, decide no hacer ejercicio y dejar descansar a su cuerpo.	Ella piensa que si en el día hay tiempo para trabajar, también debe haber tiempo para hacer cosas que le hacen sentir bien. Y si para el cuerpo supone demasiado agobio y le hace sentir mal, pierde el objetivo, por tanto, pierde su valor y no va.

Accediendo a todos los rincones

Otro ejercicio para conocerte mejor es la ventana de Johari. Consiste en hacer consciente información sobre ti mismo que quizá no sabías para lo que preguntas a personas de tu entorno cómo te ven y reflexionas también sobre lo que sabes de ti y decides no mostrar al mundo.

Es un ejercicio que se basa en que, a veces, los demás perciben unas tonalidades de luz en ti que tú no te das cuenta de que tienes y en que puede que inconscientemente ilumines partes de ti que puede que no hayas visto antes.

El objetivo es seguir descubriendo más sobre ti.

Para explicarte exactamente en qué consiste el ejercicio, quiero que imagines el momento en el que invitas a alguien a casa. Cuando la persona entra en tu hogar, pasa lo siguiente:

- Percibe cosas que están a la vista porque tú has decidido que estén ahí y te da igual que los demás las vean.
- Percibe cosas que tú no te has dado cuenta de que están porque te has acostumbrado a verlas cada día o porque no te has fijado en ellas.
- No verá las cosas que has escondido a propósito dentro de armarios o cajones —porque no quieres que las vea—, pero que tú sabes que están ahí. A no ser que se ponga a rebuscar mucho.
- Tampoco verá cosas que ni tú sabes que están porque están detrás de los armarios que nunca has apartado.

Con esta actividad vas a poder tomar consciencia de todos los recovecos de tu casa que quizá no sabías que estaban y que la hacen especial. Además, también obtendrás información sobre los potenciales cambios que puedes hacer en ella. Y, aunque siempre habrá alguna esquina nueva por descubrir, con los años llegarás a ellas.

En tu vida real, estas cuatro áreas de tu casa son el área pública, la ciega, la oculta y la desconocida:

EL ÁREA PÚBLICA es la parte de tu vida que conoces tú y también conocen los demás. Aquí entran todas las experiencias, emociones o cualidades que compartes de forma consciente con los demás y que configuran la imagen coherente que tienes de ti mismo.

Para tenerla más presente, escribe cómo te comportas conscientemente en tu día a día o cómo dejas que los demás te vean. Por ejemplo: «Me muestro vulnerable delante de los demás y no escondo mis sentimientos. Soy abierta y tengo una buena inteligencia emocional». «Siempre ofrezco mi ayuda. Soy amable».

EL ÁREA CIEGA es esa que no conoces tú, pero que los demás sí ven. Por ejemplo, quizá tengas una imagen de ti mismo de persona calmada y tranquila, pero tu mejor amigo ha visto cómo perdías los nervios en tu rutina de forma habitual. Al decirte que te ve una persona nerviosa, puede que choque con la imagen que tienes de ti y en un principio estés en negación.

Pero gracias a que te ha hecho esa puntualización, te das cuenta de que tienes que trabajar en esos nervios porque estaban presentes en tu vida y los habías normalizado sin ser consciente de que te estaban afectando.

Para completar este apartado vas a tener que preguntar a la gente de tu entorno cómo te percibe. Tienes que enfrentarte a ello con una mentalidad abierta y entendiendo que puedes recibir una retroalimentación que te sorprenda o te decepcione. Recuerda que probablemente los demás no te quieran ofender con lo que te digan, sino que es lo que ellos perciben. Tampoco tiene por qué ser una verdad absoluta ni lo que te define como persona, solo es lo que estás proyectando.

De aquí puedes obtener información muy valiosa porque en ocasiones pensamos que nuestras acciones están alineadas con nuestra razón de ser o con lo que queremos transmitir, y en realidad no lo están. Así que tomate estos datos como una oportunidad para mejorar. También es posible que obtengas información sobre fortalezas que quizá no te habías dado cuenta de que tenías.

EL ÁREA OCULTA es aquello que conoces tú, pero que no dejas que los demás sepan.

El hecho de que no quieras que se sepa puede deberse a varios motivos, que también te descubrirán información sobre los miedos que tienes: a) Consideras que se puede utilizar esa información para hacerte daño. b) Piensas que se te va a juzgar por mostrarlos.

Reflexiona sobre el motivo por el que lo ocultas y si realmente te beneficia o está ajustado a la realidad.

Por ejemplo: «Soy una persona muy sensible, pero no lo demuestro por miedo a que aprovechen esta vulnerabilidad para hacerme daño».

EL ÁREA DESCONOCIDA es esa que contiene información sobre ti que no sabes ni tú ni los demás. Es un área de la que va a ir aflorando información durante toda la vida conforme te vayas exponiendo a diferentes experiencias.

Por ejemplo, cuando un día te encuentras ante una situación traumática y te das cuenta de que la has podido afrontar de una manera serena. Nunca te hubieras visto capaz de hacerlo, pero al encontrarte de lleno en ella has descubierto que sí que eras capaz.

¿Cómo puedes descubrir todos esos talentos y fortalezas ocultos?

Intentando cosas nuevas. Solo enfrentándote a lo que no has hecho hasta ahora vas a descubrir lo que no has descubierto hasta ahora.

CUARTA PARTE

Herramientas para ser quien quieres ser

Llegados a este punto, tomémonos un momento para repasar. Veamos: hasta ahora has empezado a destruir el juego de «demuestra tu valor», a descubrir la luz de tu llama y a clarificar hacia dónde quieres alumbrar a partir de este momento.

A continuación, viene algo que también es indispensable para tener y mantener una buena autoestima: sentirte autoeficaz ante la vida. Si no te sientes capaz de afrontar las cosas que te pasan, tu autoestima emprende un camino hacia abajo sin frenos.

Como vas viendo, no todo era decirse cosas bonitas, sentirse bien con uno mismo era mucho más complicado que eso.

Así que ahora ha llegado el momento de aprender los básicos que te harán sentir autoeficaz, una persona completamente resolutiva y capaz de comerte el mundo.

En los siguientes apartados aprenderás a manejar tus emociones, porque en el momento en el que te entiendes no hay quien te pare. A ser autocompasivo, porque mereces toda la amabilidad del mundo, empezando por la tuya. A resolver problemas de manera más efectiva, porque la vida está llena de problemas y verte capaz de sacarlos adelante será imprescindible en tu camino. A autoafirmarte, porque necesitas ser consciente de lo que vales si aún lo sigues dudando. A defender tus derechos, porque no hay nada que te haga sentir peor que advertir que los están vulnerando y no saber qué hacer. Y a dejar ir y adaptarte, porque de igual forma que con los problemas, los cambios te acompañarán durante toda la vida, así que... ¿qué mejor que aprender a gestionarlos mejor y comprometerte con tus objetivos?

10

Inteligencia emocional
La oscuridad de la noche

Imagina que has vivido toda la vida en otro planeta y un día te plantan en la Tierra, más concretamente en un campo donde no hay nada ni nadie. El lugar donde vivías antes estaba iluminado todo el tiempo, la oscuridad no existía, «siempre era de día».

Así que bueno, casi todo es bastante parecido a tu planeta, el campo donde has ido a parar no te parece tan extraño. Y de repente... empiezas a notar «que se apagan las luces del cielo». Tú, que no conocías la oscuridad de la noche, empiezas a entrar en pánico. No sabes qué está pasando, pero lo primero que se te viene a la mente es: PELIGRO. ¿Cómo se van a «apagar» los colores de las cosas que me rodean así? Echas a correr, pero no sirve de nada porque no ves ningún lugar con más luz. Parece que todo se ha desvanecido, piensas que la vida se ha «apagado».

Pero al cabo de unas horas, cuando ya te habías rendido y estabas muy asustado, ves que vuelve a salir el sol. Y en lugar de alegrarte por que haya salido, estás preocupado por ¿qué pasa si se vuelve a apagar el cielo?

Esto es lo que ocurre con las emociones cuando no las entiendes. Que se vaya la luz del sol es normal, volverá a salir. La cosa es convivir con esa oscuridad mientras dure lo mejor posible con las herramientas que tienes —lámparas, linternas, velas— y sentirte tranquilo, ya que la oscuridad no dura para siempre. Y entender por qué esa oscuridad es necesaria y normal en el lugar en el que ahora estás te proporcionará el alivio que necesitas para transitarla con serenidad.

La importancia

En el apartado del apego te explicaba que es imposible concebir que llegues a tener una alta autoestima sin que hayas desarrollado antes una buena inteligencia emocional. Tiene sentido porque, cuando no la tienes, eres prisionero de tus emociones. Te sientes fuera de control, sobrepasado por las cosas que te pasan e incapaz de hacer frente a situaciones que percibes como peligrosas cuando no lo son. Tomas decisiones basadas únicamente en tus emociones.

En resumen, no eres consciente de que tienes recursos que puedes utilizar y que van a ayudarte a sobrellevar la oscuridad, ni sabes lo que es esa oscuridad ni por qué aparece.

En pocas palabras...
No tienes que «apagar» tu vida por completo mientras dura una emoción que te incomoda.

Así que poner nombre a lo que sientes, ampliar tu riqueza de vocabulario para comunicarte contigo mismo y con los demás, entender por qué te sientes así y qué es lo que necesitas en esos momentos tendrá una consecuencia muy positiva en tu autoestima. Te verás más competente, menos sobrepasado por las dificultades y con la fuerza de enfrentarte a situaciones que antes creías que no ibas a poder gestionar.

Conocer tus emociones te permitirá también ser compasivo contigo mismo porque entenderás que tu emoción tiene un origen, no aparece de la nada ni porque haya algo mal en ti. No te sentirás culpable por estar triste, con rabia o miedo, ni te avergonzarás de ello. Sabrás que es normal sentirte así. Le darás su lugar, tendrás en cuenta el mensaje que te proporciona. No la verás como un enemigo.

En realidad, las emociones son una fuente valiosísima de información. Ya veíamos antes que poniendo atención a la emoción podías llegar a descubrir los pensamientos automáticos negativos que están distorsionando la forma en la que interpretas tu realidad y que sabotean tu día a día.

Pero no es lo único de lo que te informan, las emociones no solo aparecen fruto de los pensamientos automáticos negativos. Muchas veces se desencadenan sin que haya ninguna alteración de tu realidad, surgen para informarte de las cosas que te duelen, de lo que necesitas en ese momento, de si debes actuar porque tus límites se han sobrepasado, etc.

En el capítulo sobre el apego te comentaba también que fueron tus padres o cuidadores los que te enseñaron o no esta habilidad y que si no lo hicieron o no lo aprendiste después por otros medios es normal que ahora tengas problemas para regular tus emociones. Pero no pasa nada, porque la inteligencia emocional es una habilidad que se puede aprender. Y eso vas a hacer en el caso de que no la tengas ya.

Las emociones

Para empezar, debes saber que existen las emociones primarias y las secundarias:

1. Las emociones primarias son aquellas que son innatas y universales y poseen un importante componente biológico. Estas son: la alegría, el miedo, la rabia y la tristeza.

   Son las que tienen los bebés antes de que les haya dado tiempo a estar influenciados por la cultura o el ambiente.

2. Las emociones secundarias son más complejas debido a que surgen a partir de las emociones primarias y tienen un importante componente cultural. Por ejemplo, la vergüenza o la culpa.

   Un bebé no va a sentir culpa cuando aún no le ha dado tiempo a aprender que algo que ha hecho está mal visto socialmente.

El miedo

También conocido como: horror, terror, pánico, preocupación, nerviosismo, aprehensión, temor, inquietud, desazón, ansiedad o estrés.

IDENTIFÍCALO

Como te decía, el primer paso para desarrollar una buena inteligencia emocional es saber qué emoción estás experimentando con ciertas sensaciones o pensamientos. Todas las emociones básicas tienen una función biológica, por lo que, si sabes identificar cuál es la que ha aparecido, tendrás gran parte del recorrido hecho para entender qué es lo que te ha venido a comunicar y si decides aceptar su mensaje o no.

Entonces ¿cómo se vive el miedo a nivel mental?, ¿qué debes esperar? Cuando surge, lo puedes sentir en forma de malestar, grandes preocupaciones, mucha tensión o que no tienes el control sobre ti mismo o las cosas a tu alrededor.

¿Y a nivel corporal? Cuando es muy intenso, puedes sentir taquicardia, tensión muscular, hiperventilación, aumento del tono muscular... ¿Te suena? Son muchos de los síntomas de la ansiedad, porque la ansiedad es una reacción de nuestro cuerpo ante un miedo.

¿Y tú...?

Para saber cómo se manifiesta exactamente el miedo en ti, piensa en una situación en la que sepas con certeza que has sentido miedo y describe en detalle qué sentiste a nivel físico y mental.

CUÁNDO APARECE Y PARA QUÉ

Vas a sentir miedo cuando percibas que existe alguna amenaza de cualquier tipo —física, mental o social— a tu integridad o equilibrio mental. Por ejemplo, puedes sentir miedo cuando crees que alguien te va a despreciar y te va a hacer daño; cuando te subes a un avión y piensas que se puede caer; cuando vas a hacer un examen difícil que crees que puedes suspender; cuando ves una serpiente... Como puedes ver, en todos estos ejemplos existe una posible amenaza a tu equilibrio mental (que alguien te haga sentir mal) o físico (que te ataque un animal o se caiga el avión).

En el juego mental que has destapado antes también habrás podido observar que ante la posibilidad de romper una regla de vida disfuncional aparecía asimismo la ansiedad, es decir, un miedo, en este caso irracional, a lo que pudiera suponer romper esa regla. El miedo a que el contador no estuviera a 10.

Y ya sabes, cuando una emoción asoma la cabeza, ha venido para transmitirte un mensaje. En este caso, el miedo viene a comunicarte que te protejas, de la forma en la que sea, pero que te protejas.

Cómo gestionarlo

Ante esta emoción, tu cabeza, de forma consciente o inconsciente, hace un balance. Se plantea si realmente el riesgo al que te expones es muy grande y si tienes los recursos para hacer frente a esa situación. «¿Tengo los recursos para preguntarle a esa persona mi duda sin ponerme en evidencia?». «¿Tengo los recursos para evitar que se caiga el avión?». Bueno, en este caso, no depende de mí, por lo que me siento fuera de control.

Si tu mente cree que tiene los recursos necesarios para gestionar la amenaza, probablemente te impulsará a hacerle frente. Pero si cree que careces de ellos, lo más seguro es que te incite a huir, porque no quiere que salgas perjudicado, quiere que te protejas.

El problema está en que a día de hoy existen pocas situaciones en las que realmente tengas que huir de la amenaza o evitarla, o incluso a veces no es una amenaza en sí. Aunque tu cuerpo reaccione como si se tratara de un peligro vital, la mayoría de las ocasiones no lo es. Valoras erróneamente que no tienes los recursos necesarios para hacerle frente y por ello aparece. Además, si empiezas a percibir todos esos síntomas físicos del miedo que pueden aparecer sin que tú seas consciente de que son parte del miedo, te pueden asustar y generarte más miedo aún, reafirmándote en que esa situación es peligrosa. Así que puede que evites situaciones porque no eres consciente de que sí puedes afrontarlas, no te acabas de conocer del todo o porque no evalúas de forma realista la situación.

En pocas palabras...

El miedo va a aparecer recurrentemente en tu vida, hay muchas situaciones en las que creerás que puedes fracasar, hacer el ridículo... y que eso puede suponer una amenaza terrible a tu equilibrio mental. Pero la mayoría de las veces esos riesgos están mal valorados y resultan en pensamientos automáticos negativos, esos de los que te hablaba al explicarte tu juego mental.

Así que, una vez que hayas identificado que estás experimentando miedo:

1. Valídate: no hay nada más contraproducente para tu bienestar y autoestima que culparte a ti mismo por tus emociones y sentirte mal por ello.

   En lugar de juzgarte, puedes decirte algo así como: «He identificado que tengo miedo, no pasa nada. Voy a tratar de entenderme y buscar la manera de no hacerme daño. Gestionaré esta emoción de la mejor manera que pueda».

2. Pregúntate: ¿existe un peligro real? Busca pruebas.

   Recuerda que puede haber pensamientos automáticos negativos detrás de la interpretación que has hecho de la situación.

   a. ¿Existe alguna distorsión cognitiva que te puede estar haciendo percibir peligro donde no lo hay? (vuelve al apartado de los pensamientos negativos automáticos).

   b. ¿Existe alguna regla disfuncional o creencia base negativa detrás del miedo?
   Ejemplo: puede que tengas miedo a hablar en público porque piensas que equivocarse significa fracasar y siempre quieres actuar de forma perfecta o te sientes mal contigo mismo.

3. Recuerda tus fortalezas y capacidades y cómo puedes utilizarlas para hacer frente a cualquier reto que se te presente.
4. Valora si realmente vale la pena dejarte llevar por la emoción y que te impida lograr aquello que deseas.
5. En el caso de un peligro real, acepta la información de tu mensajero, el miedo, y protégete.

Miedo al rechazo

Un miedo muy común en personas con baja autoestima es el miedo al rechazo. Por eso mismo he querido darle lugar en este libro, porque no quiero que te siga limitando y privando de vivir con plenitud.

—No me gustas como pareja.
—Auch.

—No has obtenido el trabajo.
—Auchh.

—A la madre de Carlos (tu novio) no le gustas.
—Auchhhh.

—El otro día Ana me dijo que le caías mal.
—Auuchhh.

Duele, para que te voy a decir que no. El rechazo duele, además literalmente, porque se activa la parte de nuestro cerebro relacionada con el dolor, la corteza cingulada anterior. Estamos biológicamente programados para no tolerar el rechazo demasiado bien. Pero estar evitando en todo momento las situaciones que implican una mínima posibilidad de rechazo puede ser más dañino que el rechazo en sí mismo.

En el apartado de las razones de ser hablaba de que a veces vivimos solo teniendo en cuenta dónde NO queremos estar y tomamos nuestras decisiones pensando en lo que no queremos en lugar de lo que sí queremos. Eso implica que el miedo domina tus decisiones. «No voy a presentarme a esa entrevista de trabajo por si me dicen que no», «No voy a decirle a mi amigo que lo que ha hecho no me ha gustado por si se lo toma mal y me deja de hablar». El miedo al rechazo puede pasar desapercibido, como si realmente no estuviera afectando tu día a día. Quizá pienses: «Solo estoy evitando un conflicto», «Es lo mejor, mimetizarme con el ambiente para adaptarme mejor», «Es mejor no tomar riesgos para evitar que me hagan daño»... Pero es necesario llamar a las cosas por su nombre, no para etiquetarte ni categorizarte, sino para ser consciente de que tienes miedo al rechazo y de que eso está condicionando tu vida.

Una vez que le has puesto nombre a lo que te pasa, puedes aceptarlo y tomar las acciones necesarias para que deje de dirigirte.

Identifícalo

Estas son algunas de las actitudes que pueden indicar que tienes miedo al rechazo:

- Haces las cosas por complacer a los demás en lugar de porque lo quieres tú.
- Evitas situaciones en las que te pueden rechazar: tener citas, conocer gente nueva, buscar un nuevo trabajo, dar tu opinión sobre algo que puede no tener la aceptación de los demás...
- Eres incapaz de decir que no.

Cómo gestionarlo

1. Aceptarlo: como todo, ya lo sabes, es el primer paso.
2. Identificar qué situaciones en tu vida están influenciadas por ese miedo:

   ¿Accedes siempre a lo que quieren los demás? ¿Nunca tienes en cuenta tu opinión? ¿Estás dejando de tomar decisiones importantes por el miedo a que te puedan rechazar?
3. Confiar en ti. Tienes los recursos para gestionar el rechazo si aparece cuando te enfrentes a esas situaciones que te dan miedo. Aunque es una emoción dolorosa, es normal y la puedes gestionar.

La emoción primaria que se esconde detrás del sentimiento de rechazo es la tristeza, así que conecta con lo que necesitas en ese momento. Recuerda, será algo pasajero y no definirá en ningún momento lo que vales o dejas de valer.

Normalmente, tras ese miedo al rechazo existe un pensamiento de «si me rechazan es que no soy digno de amor», o «eso confirma que no soy válido». Recuerda volver siempre que lo necesites a desgranar qué hay detrás de esos pensamientos automáticos negativos y dale un nuevo significado. Puede que tengas el juego mental activo, así que recuerda hacerte las preguntas que has aprendido para destaparlo.

4. Y si te animas, puedes jugar al juego que desarrolló Jason Comely, que consiste en que te rechacen. Exacto, tal y como has leído, ganas si te rechazan.

El objetivo es exponerte a situaciones en las que haya muchas posibilidades de que te vayan a rechazar durante varios días seguidos, buscando exactamente eso: el rechazo. El juego se basa en la técnica de la terapia conductual de «exposición por inundación», y es que te inundas de eso que te da miedo hasta que dejas de tener una reacción ansiosa. Cuando te rechacen, te darás cuenta de que puedes gestionar perfectamente ese rechazo, que tienes en tu mano las habilidades necesarias para que no te sobrepase la situación. Incluso verás que muchas veces consigues cosas que nunca hubieses podido conseguir si no te hubieras expuesto al rechazo.

Te propongo que te expongas durante todos los días que puedas a alguna situación para que te rechacen, yo te dejo algunos ejemplos, pero puedes adaptarlos a las situaciones que quieras. Recuerda que el juego lo ganas si te rechazan.

Día 1. Pregúntale a alguien que pasea a su perro si puedes pasearlo tú.

Día 2. Pregunta a una persona por la calle si puedes dar un paseo con ella.

Día 3. Pedirle a un dependiente que te dé una vuelta por la tienda.

Día 4. Pregúntale a un desconocido si te puede dejar el móvil para hacer una cosa.

Día 5. Cuando vayas a pagar, pregunta al cajero si te puede hacer algún descuento.

Día 6. Pregunta a un desconocido si te puede dejar el coche para ir a dar una vuelta.

Día 7. Pregunta a un desconocido si puedes contarle algo que te ha pasado porque necesitas un consejo.

Día 8. Dile a un desconocido que estás buscando conocer gente nueva y si te puede dar sus redes sociales.

Día 9. Sube una foto que nunca subirías a Instagram o cualquier otra red social: una foto donde se te vea muy desfavorecido, una fruta podrida...

Rabia

También conocida como: irritación, agitación, frustración, ira, furia, hostilidad, resentimiento, disgusto, envidia o celos.

Identifícala

Como ya has visto con el miedo, lo primero que tienes que hacer para gestionar tus emociones de manera eficaz es identificar exactamente qué emoción estás sintiendo. Así que aquí te dejo pistas sobre qué forma puede tomar la rabia cuando se asoma en tu cuerpo:

Mentalmente puedes sentir: irritación, enfado, impotencia, furia, ira...

Físicamente es posible que experimentes que respiras con más frecuencia, más energía, más calor en el rostro, más tensión muscular...

> **¿Y tú...?**
>
> Pero como siempre, cada uno puede experimentar unos síntomas específicos, así que te animo a pensar en una situación en la que sepas con certeza que has sentido miedo y describas en detalle qué sentiste, a nivel físico y mental.

La rabia aparece cuando sientes que no han respetado tus derechos, cuando sientes que se te está bloqueando la consecución de una meta que te pusiste, cuando sientes que no te están valorando o reconociendo como mereces o cuando te hacen daño, ya sea físico o mental.

Esta emoción tiene mala fama, se le ha atribuido una connotación negativa porque se ha asociado siempre con conductas agresivas. Y, aunque no hay duda de que existe una clara relación entre rabia y agresividad, esta tiene una función adaptativa, la rabia es necesaria y no tiene por qué ser mala si entiendes la función que está cumpliendo y aprendes a expresarla de una manera constructiva.

Sentir rabia nos puede indicar que se ha pasado tu límite y hay que hacerlo respetar. No debes guardarte la emoción, ni callarte. Si te reprimes, se va engendrando hostilidad y, al final, acaba saliendo en forma de conductas más agresivas, como gritar, tirar cosas...

¿Te has visto alguna vez fuera de control por no haber expresado antes lo que sentías? Cuando la rabia asoma, te está gritando que necesitas hacerte respetar. Quiere que mantengas tu integridad y reconocimiento.

La rabia normalmente se gestiona defendiéndote ante el ataque que estás sintiendo o atacando al obstáculo que te está impidiendo conseguir tu objetivo.

Como todas las emociones, por mucho que sea adaptativa, si no la gestionas bien —ya sea ignorándola o dejándote llevar completamente por ella— o si aparece por una mala interpretación de la realidad, te puede perjudicar.

Al igual que comentaba con el miedo, cuando la rabia se manifiesta debes preguntarte si existe algún pensamiento automático negativo que te está llevando a interpretar la situación de una manera distorsionada, y si no es así, actuar haciendo caso a la emoción.

Para expresar la rabia de una manera constructiva, es preciso que conozcas la herramienta de la asertividad. Esta te permite exteriorizar claramente lo que sientes y necesitas de una manera respetuosa y teniendo en cuenta los derechos de la otra persona. Verás que le dedico un apartado entero más adelante.

Así que cuando hayas identificado que sientes rabia:

1. Valídate: recuerda, eso es lo primero siempre.
2. Busca entender: ¿qué límite han sobrepasado? ¿Están siendo injustos contigo? ¿Te están faltando el respeto?

   Si hay otra persona implicada en esa falta de

respeto o injusticia, y la situación lo permite, comunica de una forma asertiva cómo te estás sintiendo y lo que necesitas. Sin estallidos de ira.

Por ejemplo: imagina que Carlos hace un comentario a Ana sobre que ha cogido unos kilitos y que se veía mejor antes. Ana, obviamente, siente que es una falta de respeto y le da rabia porque considera que nadie tiene que comentar negativamente sobre su físico.

Para comunicarse asertivamente le dice a Carlos: «Probablemente no me lo hayas dicho con mala intención, pero me duele que comentes sobre mi cuerpo. Así que en futuras ocasiones me gustaría que no me hicieras comentarios sobre mi físico, me parece irrespetuoso y no es algo que vaya a seguir tolerando».

Aquí Ana ha sido empática, se ha puesto en su lugar y no ha atacado, le ha expresado lo que le molesta a ella y le ha comunicado lo que espera en el futuro y las consecuencias si se vuelve a repetir. Aunque la otra persona no entre en razón, tú ya habrás comunicado tu límite y te habrás hecho respetar, cosa que te va a ayudar a gestionar esa emoción.

Hay algunos casos en los que no vale la pena comunicar a la otra persona que nos ha molestado algo porque está activamente intentando que entremos al trapo. Verás en el apartado de relaciones sociales más específicamente cómo detectar estas situaciones y cuándo es mejor no entrar en el juego.

3. Reflexiona sobre si la intensidad de la emoción es proporcionada con respecto a la situación. Recuerda que cuando la emoción es muy intensa puede haber algún pensamiento automático negativo detrás. No olvides volver al apartado del juego mental siempre que lo necesites.

Tristeza

También conocida como: soledad, melancolía, infelicidad, duelo, miserabilidad, decepción, culpa, rechazo, inseguridad o humillación.

IDENTIFÍCALA

Cuando la tristeza asoma la cabeza, la puedes experimentar como pena, desánimo, melancolía, desaliento, desconsuelo, pesimismo, desesperación...

Y a nivel cognitivo puedes notar que estás más activo mentalmente porque tu actividad neuronal es mayor y se mantiene así de forma prolongada para que seas capaz de asumir lo que te ha sucedido y que te ha hecho sentirte así.

¿Y tú...?

Piensa en una situación en la que sepas con certeza que has sentido tristeza y describe en detalle qué sentiste, a nivel físico y mental.

Cuándo aparece y para qué

La tristeza suele aparecer ante momentos de pérdida o cuando has visto que has fracasado al conseguir una meta que era importante para ti.

A esta emoción también se le ha puesto la etiqueta de ser una emoción negativa porque es desagradable de experimentar, genera cierto sufrimiento. Pero lo cierto es que no es negativa, es necesaria y cumple una función muy importante: que te restaures.

Cuando pierdes algo o a alguien, debes recuperarte, hacerte a la idea de que ha sucedido y asumirlo. Por ello, también necesitas más que en cualquier momento apoyo social, la tristeza genera en los demás la predisposición de ayudar. Si ves a alguien que muestra signos de tristeza, es probable que generes empatía con esa persona y te nazca apoyarla, precisamente porque la tristeza biológicamente nos lleva a estar más unidos.

Cuando estás triste, seguro que has notado que tienes menos energía física, menos ganas de hacer cosas. Sin embargo, tu cabeza está bastante activa, no para de darles vueltas a las cosas. Y muchas veces eso puede hacerte querer huir, evitar esos pensamientos o sentimientos. En realidad, esto tiene un porqué, y es que asimiles lo que has perdido o aquello que ha sucedido. Que tu mente se haga a la idea. Si lo que haces cuando estás triste es evitar el sentimiento, te va a ser mucho más complicado asumir lo que te ha ocurrido y tal vez quede una herida abierta que quizá se infecte con el tiempo.

Esto no quiere decir que, cuando estés triste, te encierres en tu habitación a darles vueltas a las cosas en bucle 24/7. La tristeza también cumple una función social, y es que te apoyes en los demás para restaurarte. Que hagas actividades con las que te sientas bien. De esta manera, no estás evitando la emoción, sabes que está ahí y la validas, pero también intentas avanzar y hacer cosas que te benefician.

Recuerda que, al igual que con la rabia y el miedo, puede haber algún pensamiento automático negativo que nos haga sentir una tristeza desproporcionada por reglas o creencias que no son sanas ni flexibles. Conviene que lo tengas presente también y te lo plantees.

Así que cuando hayas identificado la tristeza:

1. Valídate: no te frustres por la emoción. Es normal sentirte triste, recuerda la función que cumple: que asimiles lo que te ha pasado y que te restaures.

2. Busca entender: ¿por qué me siento triste? ¿Tiene esa emoción sentido con lo que me ha sucedido? ¿Existe alguna distorsión de la realidad que me esté acentuando la emoción? Recuerda volver siempre que haga falta al apartado de tu juego mental.

3. Conócete:
   a. Identifica qué cosas te alivian cuando te sientes triste.
   b. Busca conexión. Habla con alguien sobre cómo te sientes, exteriorízalo. Busca el cariño de las personas que te quieren. Eso ayudará a que asimiles lo que te ha sucedido, cuando hablas sobre ello lo incorporas en tu esquema de pensamiento.
   c. Si no te sientes cómodo hablando con las personas de tu alrededor sobre lo que te ha sucedido, empieza por escribirlo. Esto te puede permitir empezar a asimilarlo.

4. No te descuides, no dejes que la tristeza te impida seguir con tus objetivos.

5. Recuerda que, aunque te sientas de una determinada manera, sigues teniendo el poder de decidir cómo actuar.

6. Involúcrate en actividades que te hagan sentir bien aunque en ese momento no seas capaz de anticipar

la recompensa, es decir, lo bien que te vas a sentir: ejercicio, tomar una caña con amigos, un viaje, andar, apuntarte a una actividad que te guste, cocinar lo que te gusta...

7. Si te sientes así sobre algo que tiene solución, busca activamente alternativas para que ese problema se resuelva y no te quedes atrapado en la emoción.

Alegría

También conocida como: deleite, placer, satisfacción, euforia, entusiasmo, ilusión, triunfo, orgullo, optimismo, esperanza y alivio.

IDENTIFÍCALA

Sentirnos alegres es lo que todos ansiamos, ¿verdad? Es lo que nos mantiene vivos y en equilibrio. La alegría repara, nos ayuda a recuperar la homeostasis después de haber pasado por emociones desagradables. Por ello, no vas a tratar de identificarla para gestionarla bien, sino para detectar los momentos en los que aparece y poder potenciarla en tu vida. La alegría no siempre llega sola, hay que bus-

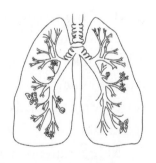

carla activamente, y, aunque nos podemos topar con ella en momentos inesperados, no siempre va a ser así.

Al desarrollar la habilidad de la inteligencia emocional no solo quieres reducir el impacto de las emociones desagradables y utilizar la información de forma inteligente, también aumentar las emociones agradables, como la alegría.

Cuándo aparece y para qué

Normalmente, la alegría surge cuando cumples los objetivos que te planteas, cuando valoras que estás yendo por el camino correcto en la consecución de tus metas, cuando mantienes un contacto social de esos que vives como auténticos y cuando aprecias positivamente algo que estás viviendo.

¿Recuerdas cómo te sentiste la última vez que conseguiste el trabajo que tanto querías o cuando acabaste la carrera o el curso, o cuando te pusiste cualquier tipo de reto y lo cumpliste? ¿Y aquella vez que tuviste una conversación profunda con una persona a la que estimas? ¿Y cuando te reíste a carcajadas por las bromas que estaba haciendo tu amigo?

Al igual que ocurre con las emociones que hemos visto anteriormente, la alegría también cumple su función. La alegría brota para que te mantengas en equilibrio y sientas bienestar, para que te recuperes después de haber pasado por otra emoción menos agradable como la tristeza, para que te vincules afectivamente con otras personas y para que continúes evolucionando como ser humano.

Cómo potenciarla

Aquí entra en juego el autoconocimiento, por eso te propongo que hagas un poco de introspección para ser consciente de qué situaciones y actividades te producen a ti alegría.

¿Y tú...?

Me siento alegre cuando:

_____

En esos momentos mi cuerpo experimenta exactamente estas sensaciones:
Físicas:

_____

Mentales:

_____

Si en este momento sientes que nada te da alegría, viaja en el tiempo a situaciones en que sentiste felicidad:

- Reflexiona sobre qué cosas estabas haciendo que te hacían sentir así.
- ¿Qué pensabas en esos momentos?
- ¿Qué sentías física y mentalmente?
- Exponte a situaciones similares, aunque no seas capaz de anticipar que experimentarás la emoción en este momento.
- Proponte realizar, como mínimo una vez al día, una de esas actividades o exponerte a una de esas situaciones que te hacen sentir bien. En el caso de que una vez al día se te haga difícil, proponte una meta realista para tu caso concreto.
- Utiliza este conocimiento también para exponerte a estas situaciones que actúan como regulador después de haber transitado emociones desagradables.

Culpa y perdón

La culpa y el perdón son emociones secundarias, pero también les he querido dar un lugar especial porque están muy presentes en la baja autoestima. Es importante que aprendas a gestionarlas muy bien cuando aparezcan para que no te sigan perjudicando.

Todos nos hemos sentido culpables alguna vez por haber hecho algo que iba en contra de lo que pensábamos que estaba bien. Hemos creído haber fallado a las expectativas o estándares de alguien o los que nosotros mismos nos imponemos.

El sentimiento de culpa surge de la emoción primaria de la tristeza y se puede vivir como un suceso superestresante y desagradable. Te sientes responsable por una de estas tres razones:

- Por haber causado un daño: piensas que eres responsable de haber hecho sentir mal a alguien con un comentario.
- Por no haber conseguido tu objetivo: te sientes responsable por no haber podido ir los tres días a la semana al gimnasio como te propusiste.
- Por no haber prevenido algo de lo que eras responsable omitiéndolo: por no haber cerrado la puerta con llave y que hayan entrado a robar.

Esta culpa a veces es maravillosa porque, aunque no sea agradable, te proporciona información necesaria; pero otras es desproporcionada o inapropiada. Esta segunda te hace daño, afecta también a la forma en la que te percibes: te sientes incapaz, incompetente, que «la cagas» todo el tiempo. Puedes llegar a ser muy duro y cruel contigo mismo por culpa de la culpa, valga la redundancia.

Para gestionar bien esta emoción vas a tener que aprender a diferenciar entre la culpa necesaria y sana y la culpa irracional, y qué hacer en cada caso.

La culpa en su justa medida es una fuente de información muy valiosa porque te advierte de que tu conducta no ha sido la que debería. Te permite tener relaciones sociales más sanas, darte cuenta de que has herido a alguien te impulsa a intentar remediar el daño causado y no repetirlo en un futuro.

Y no solo a nivel social, también puede ser un motivador hacia tu cambio personal. En el momento en el que observas que no has actuado según tus valores o expectativas, evalúas cognitivamente la situación que te ha llevado a obrar así y reparas en por qué no debes repetirlo la próxima vez. Elevas tu consciencia.

Por ejemplo, si te sientes culpable por no haber ido a clase porque no tenías ganas y te preguntas por qué te has sentido así, es posible que sea porque eres una persona con un alto sentido de responsabilidad o porque tu objetivo de este año era asistir el máximo de clases posibles para aprender y sacar partido al curso.

La emoción será muy útil si utilizas esa información a tu favor, pero de poco sirve que te culpabilices si lo vuelves a hacer una y otra vez. Si te sientes culpable por esas cosas es porque ¡es algo importante para ti! Y si no te tomas en serio lo que es importante para ti te vas a defraudar continuamente, te vas a fallar todo el tiempo y sentir mal por ello.

Cuando no haces caso a tus sentimientos, estás
ignorando tus necesidades.

Si después de haberte sentido mal por no haber ido a clase toda la semana sigues faltando y sintiéndote culpable, no estás realmente escuchando lo que la emoción está tratando de decirte. Te dejas abatir por la emoción sin hacerle caso.

Así que: escúchate. Donde hay culpa sana, hay algo que es importante para ti.

Para gestionar la culpa sana es importante que no evites el sentimiento y que le des su lugar. Mirar hacia otro lado y taparlo no hará que desaparezca, todo lo contrario. Si hay otra persona implicada intenta compensar el daño lo antes posible. Cuanto más procrastines e intentes alargar la situación, más bola se hará y te llevará a evitar situaciones en las que puedas encontrarte con la persona y sentirte incómodo. Así que:

- Pídele perdón.
- Compensa si se puede: pregúntale qué necesita o si puedes hacer algo para que se sienta mejor.
- Asume que a veces no vas a obtener su perdón, eso no está bajo tu control.
- Una vez que ha aceptado el perdón, pasa página.

Hay veces que, aunque nos hayan perdonado, ese malestar continúa dentro de nosotros. En este caso, puede ayudarte pensar que, cuando la situación es al revés, cuando nos piden perdón por algo que nos han hecho y perdonamos, pasamos página y seguimos con lo nuestro. La otra persona hará lo mismo contigo.

Si diriges la culpa hacia ti mismo, piensa qué te ha molestado, por qué lo has hecho y qué necesitas trabajar para que no vuelva a suceder. Recuerda alinearte con tus «razones de ser» y expectativas cuando tomes decisiones, es muy importante que aprendas a autorregularte.

También es importante que aprendas a perdonarte a ti mismo. Ten presente la importancia de la autocompasión, todos cometemos errores. Darte cuenta y reconocerlo ya está haciéndote digno de que te perdones. Asimila la información que has obtenido para que no vuelva a suceder en un futuro y asume que eres humano y que esa condición va de la mano con fallar. Sé amable contigo mismo.

Culpa que te perjudica

Existen varios motivos por los que puede aparecer la culpa que te perjudica y que no te hace bien. Principalmente, esta culpa es irracional y desproporcionada (alcanza una intensidad que no va de acuerdo con la situación). Hay ocasiones en las que aparece una culpa basada en creencias perjudiciales, en «mentiras» o expectativas poco realistas. Algunas de ellas son: «Debo tener la aprobación de todo el mundo» (no debes), «Debo ser perfecto» (no debes), «Cometer errores es terrible» (no lo es), «No merezco que me perdonen» (sí que lo mereces).

Si siempre te han hecho sentir mal por no cumplir ciertas expectativas, estas serán tu punto de referencia de lo que está bien o mal, aunque, en realidad, quizá no sean unas expectativas sanas o realistas. Así que ante la culpa:

SÉ REALISTA SOBRE LAS COSAS QUE PUEDES CONTROLAR

¿Realmente tienes el control sobre lo que ha sucedido o es una percepción distorsionada de lo que ha pasado?

Por ejemplo, Marta se sentía culpable porque había hecho un comentario sobre comida delante de Ana, sin saber que tenía problemas de alimentación. Se enteró después, cuando Olivia le pidió que evitara esos comentarios porque a Ana le afectaban.

En este caso, Marta no sabía la situación de Ana porque nadie se la había explicado. Tampoco había dicho nada que ella considerara ofensivo, simplemente sacó un tema de conversación que no era consciente que podía afectar a otra persona, y después se sintió fatal por ello.

Un ejercicio que te puede ser muy útil en estas situaciones en las que dudas de si realmente tenías alguna responsabilidad o no y si esa culpa es sana es hacer una lista de lo que podías controlar de la situación y otra, con lo que no podías controlar. Si la lista de lo que no podías controlar es más larga que la otra, no deberías sentirte culpable ni responsable por ello, es una culpa que te está perjudicando.

Ejemplo: Marta hizo un comentario sobre la comida que sentó mal a Ana.	
Cosas sobre las que tenía el control	Cosas sobre las que no tenía el control
Lo que dijo	Que le explicaran la situación de Ana. El trastorno de Ana. El cómo interpretó Ana el comentario.

Recuerda que no eres responsable de las expectativas que tienen los demás sobre ti o cómo deben ser las cosas, por lo que no es justo que te hagan sentir culpable por no cumplir con los estándares de los demás. Verás más adelante que, a veces, intentarán manipularte con la estrategia de «no entiendo cómo has podido hacer eso», con lo que te sentirás culpable porque sus expectativas son diferentes de las tuyas.

Imagina que culparan a la luna de brillar demasiado. Seguro que alguien se habrá quejado de eso también, siempre va a haber a quien le moleste que las cosas no sean como le gustaría.

Recuerda que lo que has hecho y, según tú, está mal es una «conducta», no te define como persona.

La culpa también puede dañarte cuando, en lugar de sentirte mal por esa conducta en concreto que consideras equivocada, lo generalizas a tu persona.

Recuerda: una conducta no define tu valía personal. No te quedes atrapado en ella.

Cuando te quedas atrapado en una culpa que en un principio era sana, pero, en lugar de tomar las acciones necesarias para lidiar con ella y pasar página, te machacas repitiéndote lo mal que lo has hecho, es una forma de castigo que no te mereces. Toma esa información y haz algo beneficioso con ella. No te quedes pensando lo que podrías haber hecho diferente y lo malo que eres por ello.

Para no quedarte atrapado en ese sentimiento, debes tomar perspectiva. Un ejercicio que puede ayudarte a que la culpa no se convierta en culpa perjudicial es tomar distancia de la emoción. Consiste en tomar una perspectiva externa pensando en ti mismo como un objeto al que observas desde fuera. Como si se tratara de ese retrato del que te hablaba antes, ¿recuerdas? Cuando prestas atención a cada parte de un algo desde fuera, empiezas a ver cosas que antes no veías.

Puede serte de ayuda asimismo para no quedarte atrapado en la culpa darle un nuevo enfoque e interpretación a la situación. ¿Sabes lo de que un vaso lo puedes ver medio lleno o medio vacío? Pues eso, ante una situación que te produce incomodidad podemos ver esa incomodidad como una oportunidad para mejorar, aprender algo nuevo, detectar tus puntos débiles y ponerles más atención, comunicarte mejor con los demás, entender mejor a esa persona a la que hemos hecho daño... Si solo focalizas la atención en el daño que has causado y lo «malo» que eres por ello, probablemente te cueste salir del bucle de pensamientos negativos. Aunque a veces estos pensamientos automáticos aparezcan solos, hay que detectarlos y reinterpretar la situación a nuestro favor.

Cosas por las que no mereces sentirte culpable

Por no cumplir las expectativas de la sociedad actual de todo lo que deberías estar haciendo para «tener éxito»: llevar una dieta supersana, hacer una hora de ejercicio cada día, ser lo máximo de productivo todos los días, vestir como es aceptad...

Recuerda que tomar la decisión de tener un estilo de vida saludable no quiere decir ser inflexible, todo es un balance. No existe lo sano si te mueves por los extremos.

Trabajar hacia tus objetivos está bien, pero no puedes ser productivo de la misma manera todos los días. No pasa nada.

Por anteponer tus necesidades: no olvides que tu bienestar debe ser la máxima prioridad de tu vida. Eso significa que no puedes estar disponible a todas horas para los demás.

Por poner límites: nadie tiene derecho a hacerte sentir culpable por decidir qué cosas no estás dispuesto a tolerar.

Por no poder solo: me explico, cuando tienes conocimiento sobre cómo deberías hacer las cosas para disfrutar de una mejor salud mental, suele aparecer la culpa por no poder aplicar lo que uno sabe. Lo reconozco, me ha pasado muy a menudo. A veces, uno no puede solo, aunque se tengan el conocimiento y el poder sobre la propia conducta, y no pasa nada. Piensa que existen no pocos casos de profesionales de la salud mental que también hemos ido al psicólogo, aunque hayamos tenido toda la información del mundo sobre salud mental. Todos necesitamos a veces una guía, una visión externa de las cosas, y para eso están los psicólogos. Ten esto en mente. Necesitar ayuda no te hace más débil ni es un motivo para sentirte culpable. Nos pasa a todos. En este sentido, fallar está bien también, es parte del proceso. No puedes pretender pasar a ser otra persona diferente de la noche a la mañana porque te hayas leído un libro. El crecimiento y el aprendizaje llevan su tiempo, caídas, recaídas, tomar consciencia, prestar atención y aprovechar la información que proporcionan esas caídas para conocerte mejor. Cada caída es una oportunidad y una demostración de que lo has estado intentando. No caerá quien no se levanta.

11

Autocompasión

Imagina que te presentas a un programa de talentos de la tele. Estás supernervioso. Es normal que lo estés, vas a cantar delante de miles de personas, como para estar tranquilo. Te palpita el corazón como si se te fuera a salir del pecho, sientes ese nudo en el estómago. Estás temblando. Incluso te cuesta permanecer anclado a la realidad. Pero pones de tu parte y no te dejas llevar por esos pensamientos que te alertan de todas las cosas malas que pueden pasar. Sales al escenario. Y cuando estás ahí, plantado, los jueces se dan cuenta de que estás nervioso y te empiezan a decir:

«Eres un inseguro, no vales nada... Una persona que vale de verdad no se pondría nerviosa al salir a cantar».

Impensable, ¿verdad? ¿Qué clase de persona sin empatía sería capaz de decir algo así? En lugar de eso, te animarían: «No pasa nada, ánimo», te sonreirían, te harían algún gesto de tranquilidad.

Pues lo que desde fuera parece impensable, lo hacemos con nosotros mismos. Nos criticamos a niveles extremos, sin compasión. Somos unas terribles personas con nosotros mismos a veces, ni siquiera a nuestro peor enemigo le diríamos las cosas que nos decimos. Se podría considerar incluso maltrato hacia uno mismo. Y lo peor es que pensamos que eso es lo mejor para nosotros.

Pero no te sientas culpable si lo haces porque en realidad es una estrategia que has aprendido para sentir menos dolor emocional o exponerte a menos amenazas. Recuerda, siempre lo has hecho lo mejor que has podido con los recursos que tenías en ese momento.

¿Qué pasaría si, en lugar de juzgarte así, te dijeras: «No pasa nada, me estoy sintiendo de esta manera porque jamás me había subido a un escenario, y es normal»? Entiendes lo que te está sucediendo, que estás nervioso porque tienes miedo a la crítica, a la exposición. Entiendes que no eres un experto, que es la primera vez que te expones. Entiendes que siempre han sido muy exigentes contigo y por eso te sientes así. Lo aceptas. Es lo que le dirías a una persona a la que quieres, ¿no? Pues lo mismo contigo, porque también tienes que ser una persona a la que quieres.

Recuerda que en tu vida la única audiencia para la que tienes que actuar es para ti y, por eso mismo, debes convertirte en el juez que te gustaría tener. En uno que te trata con cariño y humanidad.

Pero no te preocupes, no todos nacemos teniendo autocompasión. Es una habilidad que se puede adquirir mediante la práctica.

Los pilares de la autocompasión

La autocompasión te la puedes imaginar como a esa persona que quieres, que viene y te abraza cuando has hecho algo que no está bien. Porque así se siente, como un abrazo sanador. A nivel fisiológico tiene la capacidad de desactivar el sistema de alerta (asociado con sentimientos de inseguridad, defensa, sobreactivación del sistema límbico) y activar el sistema de calma (asociado a sentimientos de apego seguro, tranquilidad, el sistema oxitocina-opiáceo).

Estos son los tres pilares que la constituyen y que vas a intentar cultivar en momentos de dolor y fracaso:

Amabilidad y comprensión con uno mismo

Esto implica ser capaz de perdonarte, de ser empático, sensible y tener paciencia contigo mismo. En el momento en el que logres tratarte así, tu autoestima se verá beneficiada se inmediato, porque cuando eres amable contigo, te estás valorando incondicionalmente. No importa lo que te pase, sabes que tu valor está ahí.

Ser bueno contigo implica tener siempre presente, incluso después de fracasar, que mereces amor, felicidad y afectividad.

¿Te han echado del trabajo porque has metido la pata? Sigues mereciendo amabilidad por tu parte.

¿Te han dicho que eres una mala persona por haber hecho un comentario inapropiado? Sigues mereciendo tu amabilidad y amor.

¿Llevas todo el día en el sofá sin hacer nada productivo? Sigues mereciendo tratarte con amabilidad.

Necesitas decir basta a ese crítico interior que te desprecia. Cada vez que alza la voz, estás juzgándote según las reglas del juego que has destapado antes, sin margen de error, y eso es maltrato. Es tan doloroso que puede incluso hacerte sufrir más que la situación que lo ha desencadenado. Ya sabes lo que dicen: a veces es peor el remedio que la enfermedad.

Pero en ocasiones esta autocrítica puede sentirse como algo normal. Es una forma de tratarte que has interiorizado y por eso no eres consciente de ella ni del dolor que te causa. Así que volvemos a la atención, hay que aprender a mirar hacia dentro para detectar esta voz crítica y ser consciente de cómo te daña.

Ver las equivocaciones como parte de la condición y experiencia humanas

Para ser autocompasivo, necesitas ser consciente de la imperfección humana que compartimos todos. Todas y cada una de las personas de este planeta tenemos debilidades, penas, imperfecciones y nos equivocamos. Tener esto presente te hace replantearte las expectativas tan irreales que te pones y perdonarte si cometes errores. Sabes que es parte de la condición humana.

A veces, cuando sufrimos, nos cerramos a los demás. Pensamos que nuestros fracasos, nuestras emociones son algo por lo que debemos sentir vergüenza. Escondemos nuestro verdadero «yo», nos sentimos solos haciendo frente a nuestros fracasos. Pero ser conscientes de que todos tenemos imperfecciones, fracasos, penas, nos hace entender que no tenemos que escondernos, que podemos compartirlo y apoyarnos en los demás porque no hay nada de lo que avergonzarse.

Mantener los pensamientos y sentimientos dolorosos en una consciencia plena en lugar de evitarlos o fusionarnos con ellos

Después de leer el apartado de inteligencia emocional y cómo destapar tu juego, ya sabes que todas las emociones son válidas y que no hay que ignorarlas, puesto que están repletitas de información de la que puedes tirar para entenderte mejor.

La autocompasión requiere ser capaz de hacer ese ejercicio de mirar a las emociones a los ojos cuando vienen en lugar de ignorarlas y de verlas como un mensajero que aparece y se irá en algún momento, no como parte de nuestra persona. Esto implica utilizar la mente plena (*mindfulness*) en nuestro día a día. El *mindfulness* consiste en atender y aceptar el momento presente. No solo nuestros pensamientos, también nuestras emociones. Observar y etiquetar los sentimientos y emociones en lugar de reaccionar a ellos.

Para desarrollar compasión y practicar la atención plena, debes evitar a toda costa fusionarte con los pensamientos y sentimientos dolorosos. A veces, uno se revuelca en sus limitaciones y eso nos hace entrar en una visión túnel que impide vivir en el momento presente. Cuando solo se ve lo malo es muy difícil presenciar lo que sucede alrededor.

Cuando te fusionas, crees que eres lo que piensas y lo que sientes. Pero los pensamientos y sentimientos no te definen, están ahí, pero no te definen. Si crees que no vales para nada, no quiere decir que no valgas para nada, no es una verdad absoluta. O si te sientes triste, no significa que seas una persona negativa.

Tampoco debes evitar las emociones, experiencias y pensamientos dolorosos. Cuando intentas evitar sentirte o pensar de una determinada manera, escondiéndolo o mirando hacia otro lado, estás prolongando el sufrimiento. No mirar a la cara a las emociones o pensamientos que te duelen no hace que desaparezcan en la mayoría de las ocasiones, sino que se cronifiquen, lo que impide que puedas llegar a comprenderte.

¡OJO!

Tener compasión contigo mismo no es igual que sentir lástima de ti. Sentir lástima de uno mismo es exagerar tus problemas y olvidarte de que los demás están experimentando problemas similares. Huye de esta conducta victimista.

Tener una conducta victimista implica pensar que tú no tienes control sobre las cosas que te pasan y que eres un sujeto pasivo, que los otros son responsables de todas las cosas que te pasan en la vida, ponerse a la defensiva cuando te hacen una crítica constructiva, que cuando sientes pena por ti mismo te sientes bien o pensar que el resto o la vida está en tu contra.

Tener autocompasión en cambio consiste en ser amable contigo mismo sin negar la responsabilidad sobre tus acciones. El objetivo es desarrollar una autocrítica constructiva desde el amor y el respeto.

Una autocrítica constructiva

Ha quedado claro que machacarte no está bien, no te lo mereces. Pero tampoco puedes convertirte en un sujeto pasivo que no explora su conducta para aprender de sus errores y mejorar. La clave para avanzar y construir una buena autoestima es ser capaz de analizar las situaciones sin juzgarte duramente.

Aquí tienes la diferencia entre una autocrítica beneficiosa (constructiva) y una destructiva que te daña:

Autocrítica constructiva	Autocrítica destructiva
ES CONCRETA *Ese día estaba distraída y por eso se me cayó el móvil y se rompió.*	ES VAGA *Destrocé el móvil, soy un desastre.*
ES CONSIDERADA *Es algo que suele pasar.*	ES DESCONSIDERADA *¿Cómo puedo ser tan desastre?*
ESTÁ DIRIGIDA A LA CONDUCTA O A LA ACTIVIDAD *Tengo que poner más atención en cerrar el bolso para que no se caigan las cosas de dentro.*	ESTÁ DIRIGIDA A LA PERSONA *No merezco tener un móvil bonito, soy un desastre.*
ES EQUITATIVA Y RAZONABLE *Le tiré el desayuno, pero le pedí perdón y después se compró una cosa más rica que le hacía ilusión y lo solucionamos.*	NO ES EQUITATIVA Y ES IRRACIONAL *Le tiré el desayuno al suelo y le estropeé el día.*

Así que cuando te enfrentes a situaciones en las que hayas cometido algún error o consideres que las cosas no han salido como debían, sé concreto y define exactamente lo que ha pasado, evita generalizar y no olvides ser considerado contigo, recuerda que eres humano. Pero, sobre todo, habla sobre lo que ha sucedido en específico, sobre el error, no sobre tu persona.

En pocas palabras...

Eres humano y, como tal, imperfecto.
Mereces amabilidad, amor, perdón y felicidad.

- Los pensamientos y emociones no te definen, están ahí, pero no son tú.
- Entiéndete: es indispensable pensar por qué te ha sucedido lo que te ha sucedido. Todos tenemos un pasado que nos hace ser de una determinada manera. Entenderlo y aceptarlo nos hace ser más amables con nosotros mismos.
- Y aceptarlo no es lo mismo que resignarse. Aceptar cosas de ti que no te gustan no significa que no tengas que hacer nada para cambiarlas. Puedes trabajar en mejorarlas si para ti son importantes. Pero no te juzgas duramente por ellas, las aceptas porque comprendes que eres un humano imperfecto que merece amor y que no hay nada malo en ti.

Técnicas para desarrollar sentimientos de compasión y calidez hacia ti mismo

Imagina una figura de compasión

Normalmente, para que sientas calidez hacia ti mismo, primero tienes que haber experimentado calidez de los demás hacia ti. Por eso también hay una relación entre el vínculo que has tenido con tus cuidadores y lo compasivo que eres contigo mismo. Si han sido muy críticos y poco amables, es probable que internalices ese tipo de trato y te trates igual. Por eso, el objetivo de esta técnica es que desarrolles tus propias imágenes de calidez y que estén en tu mente disponibles siempre que lo necesites. Puedes diseñar la imagen de lo que representa la calidez para ti, lo que puede convertirse en tu hogar en ti mismo.

Si te critican diciéndote que no vales para nada, tu sistema de estrés se estimulará y te sentirás triste. En cambio, si te tratan con bondad, te comprenden, aceptan y apoyan, pueden estimular el llamado «sistema de calma».

1. Crea en tu mente una figura de compasión con todo lujo de detalles. Esa figura puede ser una persona, un dibujo animado o cualquier objeto capaz de transmitirte tranquilidad y amabilidad. Si te cuesta, puedes dibujarla para que no se te olvide.

   Características que debe tener esa figura: tiene que ser tu ideal de compasión y hacer gala de las cualidades de fuerza, calidez, sabiduría, que no te juzgue y te acepte. Atribúyele también cualidades sensoriales: físico, tono de voz, sensación que experimentas cuando te abraza, olor...

2. Imagina esa figura tantas veces como haga falta para que esté disponible cuando la necesites para transmitirte compasión o llévala encima dibujada o en el mó-

vil para que esté más accesible a tu imaginación. Va a ser capaz de cambiar la reacción de tu cuerpo ante las amenazas que te encuentres. De igual modo, cuando tengas dificultades para generar pensamientos alternativos a los que te está transmitiendo tu crítico interno, esos «no vales para nada, no haces nada bien», puedes focalizarte en tu figura mental de compasión y preguntarte qué te diría. Esa persona que te acepta incondicionalmente ¿qué te estaría diciendo?

¿SABÍAS QUE...?

Hay evidencias que demuestran que utilizar estas imágenes y recordarlas tiene un impacto positivo en tu sistema neurofisiológico. Para entender el efecto que causan en tu cuerpo, te pondré un ejemplo:

Cuando tienes hambre, el simple hecho de imaginarte una hamburguesa hace que tu cerebro responda y estimule los ácidos del estómago, así que salivas. El cerebro responde a las imágenes que generas internamente de esa comida y provoca un efecto en tu cuerpo.

Según esto, tiene sentido que aprendas a crear imágenes mentales de calma, ¿no?. Lo que imagines tendrá un efecto en tu cuerpo. Serás capaz de calmar a tu cerebro en momentos de estrés.

Cartas

Otra manera de conectarte con esa figura que te has imaginado de compasión es escribirte cartas de su parte. Por ejemplo: «Olivia, estoy triste de ver cómo te estás sintiendo... y de cómo te estás criticando. Pero quiero que sepas que es normal que te sientas así. Piensa en todas las cosas que te han sucedido hasta ahora...». Pero recuerda siempre que la intención no es que sientas pena de ti mismo, sino que te sientas tranquilo, en paz, reconfortado.

Autovalidación

Validarte a ti mismo consiste en aceptar la experiencia interna que estás teniendo sin juzgarte; es decir, cuando te sientas mal por esos cinco kilos que has engordado o porque el vecino del primero te ha hablado mal, aceptar y entender que no pasa nada por sentirte así.

Esta es la fórmula de la autovalidación:

«ESTOY PASANDO POR UN MOMENTO _____
(DIFÍCIL, DURO, ESTRESANTE, COMPLICADO,
DOLOROSO...)»
+
«ES UNA PARTE NORMAL DE LA VIDA/TODO
EL MUNDO SE EQUIVOCA/TODO EL MUNDO
TIENE DIFICULTADES»
+
«ES NORMAL QUE ME SIENTA ASÍ/ESTO ES
LO PREVISIBLE EN ESTA SITUACIÓN».

12

Resolución de problemas

Te guste o no, continuamente te vas a encontrar con problemas a lo largo de tu vida, de mayor o menor importancia, pero problemas, al fin y al cabo. Desde que te echen del trabajo hasta que te quedes «tirado» en un aeropuerto en Alaska porque has perdido un vuelo, no llegues a la fecha de entrega de una tarea en la universidad o que tu perro se haya hecho caca en la calle y se te hayan acabado las bolsitas. La lista es infinita.

Algunos son triviales: si se te acaban las bolsitas para recoger la caca del perro, tu decisión en ese momento no será determinante en tu vida, lo peor que puede pasar es que decidas dejarla ahí y te pongan una multa. En cambio, hay otros que pueden afectar mucho a tu vida y llegar a repercutir incluso en tu salud mental y física si no los gestionas bien. Por ejemplo, que no hayas entrado en la universidad donde querías estudiar y decidas ponerte a trabajar de algo que no te gusta. Si para ti era muy importante estudiar en esa universidad y decides dejarlo todo por la frustración, probablemente lleves esa semillita dentro durante mucho tiempo y te afecte a nivel mental.

Cuando no te ves capaz de hacer frente a las situaciones complicadas porque tienes unas estrategias de resolución de problemas inadecuadas o poco saludables, tu autoestima se puede ver afectada, ya que vas a reforzarte continuamente en que no eres capaz.

A veces el problema es lo que haces con el problema

Durante toda mi etapa escolar odié las Mates, mucho mucho. De eso que te hablan de ellas y te entran todos los males. Creía que se me daban fatal, y bueno, la verdad es que nunca han sido mi fuerte. Siempre había obtenido unas notas de seis o siete, pero cuando llegué a bachillerato e hice mi primer examen de Matemáticas científicas saqué un tres. Se me vino el mundo encima porque nunca había sacado esa nota tan baja en nada.

Mi frustración era infinita porque no es que mis notas fueran malas porque no me esforzaba, simplemente no lo entendía y no sabía cómo enfocarlo. Así que al final tuve que tomar la decisión de apuntarme a repaso de Mates. Una decisión que debía haber tomado mucho antes, pero no lo hice por orgullo, por pensar que podía sola. Finalmente, y gracias a mi profesor de repaso, volví a sacar sietes.

Aunque yo tuviera dificultades y las Mates no fueran mi punto fuerte, había algo que me perjudicaba más que eso en sí: no entender lo que tenía delante y no tener un buen método de afrontamiento. La solución estaba en cambiar el enfoque, buscar la estrategia adecuada y entenderlo.

Lo mismo pasa con los problemas que nos encontramos en la vida. Tal vez haya algunas situaciones que nos supongan muchísima más dificultad y que no sean nuestro punto fuerte, pero con un buen método puedes solucionar el problema de igual forma. Quizá te suponga más esfuerzo, pero eres capaz. Verás que el problema no eras tú, sino la estrategia que utilizabas.

Te voy a explicar un modelo de resolución de problemas según el que aplicar ciertas pautas que te permitirán resolver más eficazmente las contrariedades que te puedas encontrar a diario, y que también te va a beneficiar en tu autoestima porque sentirás que te comes el mundo.

¡OJO!

Debes evitar ser impulsivo a la hora de resolver los problemas, considerar pocas soluciones y quedarte compulsivamente con lo primero que se te ocurre puede provocar que las cosas vayan a peor, no se solucionen y que, por tanto, el problema se haga más grande y te frustres.

Tampoco seas evitativo, no lo dejes para luego, y seas pasivo ante el problema como si no existiera. Con esta postura, al final solo esperas que se resuelva solo o delegas en otros la responsabilidad de resolverlo. Debes ponerte tú como sujeto activo capaz de afrontarlo.

Tu mentalidad

Cómo afrontes los problemas es determinante en el éxito que vayas a tener resolviéndolos. Si piensas que no podrás, es bastante probable que no puedas. ¿Te suena la profecía autocumplida? Pues es eso, que si haces la predicción de que algo va a salir de una determinada manera, acaba saliendo justo así.

La mentalidad que te va a beneficiar en la resolución de tus problemas es considerarlos como retos que pueden resolverse o gestionarse. Y es que, al final, todo en esta vida se puede gestionar o solucionar.

¿Cuántas veces has tenido que encontrar soluciones a imprevistos? ¿Y cuántas veces no los has solucionado o gestionado?

Por eso mismo tampoco debes olvidar que posees las capacidades necesarias para hacer frente a las dificultades y, si no, siempre las podrás trabajar. En muchas ocasiones las contrariedades no se resolverán de la noche a la mañana, requerirán tiempo y esfuerzo, y tener esto presente te permitirá no tomar decisiones precipitadas para poner parches temporales a los problemas. Recuerda, sobre todo, que las emociones desagradables que puedas sentir —como el miedo o la tristeza— forman parte del proceso, son normales. No huyas de ellas.

El mejor momento

Debes sopesar cuál es el mejor momento para decidir en cuestiones importantes. Desde luego, el peor momento para resolver un problema es cuando te sientes estresado, alterado, desmotivado o atraviesas un momento complicado.

Así que, ante decisiones relevantes, debes valorar algunos factores que pueden repercutirte negativamente y, por tanto, conviene prestarles atención:

- **A los sentimientos desagradables:** cuando son muy intensas, las emociones suelen interferir en tu habilidad para identificar formas eficaces de hacer frente a un problema, es decir, interfieren en tu pensamiento lógico.
- **A los pensamientos negativos:** los pensamientos

focalizados en las cosas negativas que han sucedido o pueden suceder te impiden dar paso al pensamiento constructivo. Por eso, antes de implicarte en el proceso de resolución de problemas, puedes volver al punto de las distorsiones de pensamiento e identificarlas.

- **A las sensaciones de desesperanza:** reducen tu confianza en creer que algo puede mejorar. Lo que te comentaba antes, recuérdate los puntos que he destacado más arriba para orientar el problema.

Para que estos factores no afecten a la resolución de problemas puedes probar la estrategia de detenerte y aligerar el paso: hazte consciente de tus reacciones negativas. Para ello, recurre a lo que has aprendido en el apartado de inteligencia emocional. Ten presente cómo se manifiestan las emociones en ti, identifícalas cuando aparezcan y trata de entender qué mensaje te están intentando transmitir.

No olvides tampoco que a veces las emociones se desencadenan por una mala interpretación de la situación como sería el sobregeneralizar (distorsiones cognitivas); pregúntate si es el caso y corrige la interpretación.

Enlentece: durante unos segundos solo presta atención al presente, practica la consciencia plena, el conocido *mindfulness*. Aquí tienes algunos ejercicios que puedes aplicar para practicar la consciencia plena para rebajar los niveles de estrés o intensidad emocional:

- Llevar a cabo cualquier tarea cotidiana activando todos los sentidos: fregar los platos, planchar, conducir sin música, etc. Por ejemplo, friega los platos sintiendo el agua en las manos (está fría, caliente...), escuchando cómo cae, oliendo el jabón que utilizas, observando cada parte del objeto que estás lavando.
- Pegarte una ducha prestando atención a cómo cae el agua sobre el cuerpo, el sonido de esta, la sensación en tu piel, etc. Esta es diferente a la anterior porque el hecho de sentir el agua en todo el cuerpo puede ejercer un efecto calmante.
- Paseo wabi-sabi: el término japonés wabi-sabi representa una manera de ver el mundo basada en la aceptación y apreciación de la belleza que existe en la transición, lo imperfecto e incompleto. La idea del paseo wabi-sabi es que aprecies cada matiz del entorno, cada objeto, aceptando su imperfección y centrándote en el momento presente dejando pasar las preocupaciones.

Tómate un momento para dar un paseo, intenta dedicarle como mínimo quince minutos. Camina despacio, presta atención a la planta de tus pies con cada paso que das. Y ve extendiendo tu atención a todo lo que te rodea —los pájaros, el ruido de los coches, el color de las hojas de los árboles. Toma consciencia de que todo lo que ves es imperfecto: las grietas del suelo, la rugosidad de los troncos, las personas con las que te cruzas...

Lo curioso de esta experiencia es que, una vez que empiezas a practicarla, comienzas a ver cosas que antes no veías en sitios por los que habías caminado mil veces. Respetas tu entorno de otra manera. Este paseo te permite conectar con el momento presente y calmar tus pensamientos ansiógenos.

Pasos en la resolución del problema

Una vez que has conseguido rebajar los niveles de estrés, los pensamientos negativos y tienes una buena orientación hacia el problema, te encuentras en un mejor momento para proceder a la resolución activa de ese problema que te está preocupando tanto:

Paso 1: Define el problema

Para definirlo hay que investigarlo, conocerlo bien e identificar los posibles obstáculos que pueden interferir en su resolución.

Hazte preguntas de este tipo: ¿Quién está implicado en el problema? ¿En qué situaciones sucede? ¿Dónde sucede? ¿Cómo sucede?

Te dejo algunos tips que te pueden ayudar en el proceso:

- **Apúntalo, libera tu mente.**

  La capacidad del cerebro para procesar y guardar información es limitada, por lo que dejarlo por escrito liberará tu mente para que pueda seguir asimilando otros datos sin necesidad de recurrir a la multitarea, así no tendrá que retener esta información en la memoria.

  Exteriorizarlo, además, te permite tener una visión más clara del problema.

- **Visualiza.**

  Imagínate en la situación en la que se da el problema, eso te permitirá obtener mucha más información sobre este.

- **Simplifica.**

  Utiliza un lenguaje claro, sin exagerar o dar pie a interpretaciones equivocadas.

  Ejemplo: si el problema es que te pones muy nervioso al coger el teléfono, en lugar de definir el problema como «cada vez que cojo el teléfono me tiembla la voz y se me viene el mundo encima», simplifícalo: «Me pongo nervioso cuando tengo que hablar por teléfono».

- **Diferencia hechos de suposiciones.**

  Imagina que tu problema es que te da rabia que tu pareja no te tenga en cuenta en sus planes. Una de las soluciones sería que hablarais y le explicaras la importancia que tiene para ti sentir que piensa en ti a la hora de tomar decisiones. Pero supones, en cambio, que si haces eso serías invasivo y se agobiaría, por tanto, decides guardarte tu rabia y tristeza, evitando así la situación. Eso desemboca en que vas guardando resentimiento y tienes estallidos de tristeza o rabia porque el problema sigue latente.

- **Aprende a distinguir cuando tienes que establecerte objetivos basados en problemas u objetivos basados en emociones.**

OBJETIVOS BASADOS EN PROBLEMAS: se centran en cambiar la naturaleza de la situación para que deje de ser un problema. Es decir, son objetivos aplicables a situaciones que pueden ser cambiadas. Ejemplo: trabajar en tu autoestima para dejar de sentir tanta inseguridad.

OBJETIVOS BASADOS EN EMOCIONES: son idóneos para situaciones que no se pueden cambiar o situaciones en las que tu reacción emocional te generaría problemas si se mantuviera en el tiempo. Ejemplo: aceptar que cada día, de camino al trabajo, vas a estar una hora en el atasco.

Paso 2: Genera alternativas de solución

Genera un abanico de posibles estrategias para solucionar tu problema.

En este punto puedes hacer un *brainstorming* con la mayor cantidad de soluciones posibles, da igual que sean absurdas. No vas a juzgar si son buenas o malas, el objetivo es que haya la máxima cantidad de opciones.

Paso 3: *Toma las decisiones oportunas*

Predice las posibles consecuencias para las distintas alternativas que has propuesto en el paso anterior. Valora los costes y los beneficios pensando en los resultados de cada opción. Esboza un plan de acción para conseguir tu objetivo. Hay que intentar minimizar las consecuencias negativas y maximizar las positivas.

Algunos tips para tomar decisiones eficaces:

- **Haz un cribado de las alternativas que consideras ineficaces.** Elimina todas aquellas que serían inviables o inaceptables.
- **Predice las posibles consecuencias de todas las alternativas.** ¿Qué probabilidad hay de que esa opción satisfaga tus objetivos? ¿Serás capaz de hacerlo? ¿Qué consecuencias tendrá sobre tu bienestar emocional, tiempo, bienestar físico, psicológico, económico y sobre otros objetivos? ¿Qué consecuencias tendrá sobre el bienestar personal o social de los demás, sobre los derechos de los demás?

Identifica las soluciones eficaces y desarrolla un plan para la solución. ¿Tiene solución el problema? Si ves que las alternativas generadas no son viables y que no puedes solucionar el problema, deberás esforzarte en establecer objetivos más centrados en la emoción.

¿Necesitas más información antes de poder decidir qué solución tomar? ¿Qué solución o combinación de soluciones deberías elegir para llevar a la práctica?

Paso 4: Implementa y verifica la solución

Monitoriza y evalúa las consecuencias y determina si los esfuerzos están teniendo éxito.

13

Autoafírmate

Siempre quise vivir en otro país, hasta que me di cuenta de que en el mío tenía todo lo que necesitaba: paisajes infinitos, una cultura maravillosa, climas diversos y amabilidad. Y reparas en eso cuando te vas fuera, conoces otras culturas o cuando empiezas a recorrerlo y conocerlo bien; a veces es necesario tomar perspectiva para apreciar la riqueza de lo que posees y darle el valor que merece.

En mi época adolescente tuve el privilegio de poder viajar muchos veranos dentro y fuera de España. Me encantaba visitar otros países y disfrutar de su cultura, sus «rarezas», los contrastes, las diferencias; eso me hacía tener más claro lo que valoraba de mi país. Y no porque los demás fueran peores, sino porque el tuyo te aporta cosas que necesitas y forman parte de ti, de tu identidad. De hecho, son muchas: el idioma, la manera de comunicarse, las costumbres, la gastronomía, el clima, los olores... Viajar o irse a vivir fuera es maravilloso, pero no para desconectarte de quién eres, sino para adquirir flexibilidad, tolerancia, conectar más contigo y aportarte valor.

¿Y si te digo que tú eres un país? Un país con muchísimas características que te hacen distinto, ni mejor ni peor, sino único. Y que a veces tienes que alejarte y adoptar otra visión para descubrir las cosas maravillosas que posees y que aportas al mundo. Que como país no tienes un único atributo, sino muchos diferentes y necesitas darte cuenta de ellos para poder tener una narrativa positiva y realista sobre lo que eres.

Cuando estás acostumbrado a vivir en una ciudad o pueblo, con la misma rutina y visión del mundo, es común dejar de apreciar esos detalles del día a día que convierten en único el lugar en el que vives. Incluso puede conducirte a no explorar otras ciudades que también aportan riqueza por la inercia a quedarte en el mismo lugar de siempre.

También habrás escuchado muchos comentarios de lo horrible que es vivir en tu ciudad, de todas las cosas que le faltan, etc. Si sumas eso a todo lo anterior, pues se te dificulta mucho el valorar y ver las virtudes del sitio donde vives.

En tu caso, es fácil perder de vista lo que te hace extraordinario y maravilloso, hay situaciones en las que dudas de ti, de que seas un buen país. Encima llevas contigo toda la vida, por lo que puedes haber dejado de apreciar todo aquello que te caracteriza de forma positiva. Por eso necesitas recordártelo. Tomar consciencia de !o que has olvidado por el camino. ¿¿Y cómo puedes hacer eso?? Autoafirmándote.

Autoafirmarse: convencimiento que una persona tiene de sus propias capacidades, habilidades y virtudes.

Amenazas a tu país

¿Quién no quiere sentir que encaja en la sociedad, que puede conseguir lo que se propone y que es competente? Todos lo queremos. Pero muchas veces nos encontramos con amenazas que nos bloquean la visión e impiden que podamos mantener una imagen positiva de nosotros mismos.

Entre las amenazas que puedes encontrar hacia tu país estarían los estereotipos (por ejemplo, que no esté socialmente aceptado llevar el tipo de ropa que a ti te gusta o el cuerpo que tienes) y los mensajes que recibes, como los consejos que te dan tu madre, tu abuela, tus amigos, tus profesores, tus compañeros de trabajo... que, aunque probablemente tengan buena intención, pueden causar el efecto contrario.

Respuestas a las amenazas

Ante estas posibles amenazas tienes varias opciones, una de ellas es aceptar lo que te dicen y cambiarlo, si es que se puede cambiar. Por ejemplo, si te dicen que no vistes apropiadamente, vestir de otra manera. Pero vaya... imagina que, como país independiente que eres, el país vecino te hiciera un comentario negativo sobre el idioma que hablas en el tuyo y lo cambiaras, ya te digo yo que no sería una opción.

Otra opción sería defender tu propia conducta, opinión o rasgo a muerte y evitar el mensaje que estás recibiendo o rechazarlo. Por ejemplo, si comentan que estás comiendo de forma poco saludable últimamente y que se preocupan por ti, negarlo, justificarte y seguir con los mismos hábitos. Continuando con el tema de tu país, imagina que una organización de países te diera un toque de atención sobre cuánta contaminación hay en el tuyo y las consecuencias fatales que está teniendo en la población. Ignorarlo no sería la mejor opción tampoco.

¿Y si te digo que hay una opción mucho más beneficiosa para ti? Pues la hay, y es desarrollar flexibilidad, es decir, adoptar una visión flexible de ti mismo. No quiero decirte lo que tienes que hacer y lo que no, pero... ¡es que esta te va a beneficiar de verdad!

Adoptar esta visión flexible implica verte como un país con múltiples características, no solo con una fortaleza o capacidad. No eres solo buen estudiante, buena doctora, buen dependiente. Eres muchas cosas que al final te conforman como país y te permiten tener una narrativa coherente de que eres una buena persona, un buen país.

Para obtener esta idea flexible de ti mismo debes conocerte bien para poder reaccionar cuando te encuentras ante una posible amenaza a tu persona. Si te conoces bien, tienes claras tus razones de ser, creencias, objetivos (que estoy segura de que en este punto los tienes mucho más claros) y uno de esos dominios se ve amenazado, lo puedes compensar si confirmas otro que no está amenazado. Por ejemplo, si te dicen que estás haciendo mal tu trabajo, pero comprendes que eres una persona buena, capaz de solucionar problemas, buen amigo, buen compañero, etc., la imagen positiva que tienes de ti mismo no se va a desvanecer.

Sobre todo, debes tener siempre a mano tus razones de ser, esas que has trabajado anteriormente y que son indispensables para recordarte lo realmente importante para ti. De esta manera te estás autoafirmando, creando una visión de ti mismo que no es tan fácil de derribar.

Y lo más importante es que autoafirmarte te permite mirar a la amenaza de frente y, si es oportuno, evaluar si la información de la amenaza es valiosa o no y, en el caso de que te pueda beneficiar, aceptarla.

En pocas palabras...

Autoafirmarte te permite tener una visión más crítica y abierta, además de estar menos influenciado por las distorsiones cognitivas.

Si recuerdas el caso de Sandra, ante las críticas se ponía fatal. Se lo tomaba como un ataque gravísimo a su persona. Eso le impedía considerar el mensaje como posible fuente de información valiosa. Ella no tenía presentes todos los otros aspectos que conformaban su país, y cualquier amenaza suponía un peligro para su imagen positiva. Lo que le llevaba a apartar las críticas constructivas y adoptar una conducta de rechazo a la amenaza.

A Sandra le hubiera ido genial trabajar en autoafirmarse y conocerse para mejorar la imagen de ella misma.

¿Cómo puedes autoafirmarte?

Las autoafirmaciones son muy positivas cuando surge una amenaza, pero también son beneficiosas, aunque no exista una amenaza.

- **Afirma todas las cosas que has conseguido hasta ahora.** «He logrado formar una conexión bonita con Ana». «He conseguido mejorar mis hábitos de vida, por lo que mi salud ha mejorado también».
- **Afirma acciones que llevas a cabo según tus razones de ser.** Vuelve al apartado de razones de ser

siempre que haga falta para tenerlas presentes. Afirma todo aquello que haces en tu día a día de acuerdo a estas: «Siempre me preocupo por que las personas de mi entorno estén bien». «Cada semana hago ejercicio para mantenerme sano».

- **Haz afirmaciones de: si..., entonces...** Estimular estas cogniciones sobre ti mismo te permitirá tenerlas accesibles ante una amenaza.

    Por ejemplo: *Si se meten con mi físico recordaré cuáles son las razones de ser por las que vivo y que mi autoimagen no solo depende de eso. Si me hacen una crítica, pensaré si realmente puedo aprender algo de ella y me puede beneficiar. Recordaré que todo el mundo comete errores, por lo que mi imagen no depende de los errores que cometo.*

Autoafírmate

- **Cosas que he conseguido durante toda mi vida:**
    Formar una relación bonita con x, estudiar lo que me gusta, el trabajo que me gusta...
- **Cosas que he conseguido durante el día de hoy:**
    Avanzar un poco en una tarea que tenía pendiente, tener una conversación valiosa con un amigo...
- **Situaciones complicadas para mí:**
    Si ..., haré...

14

Comunicación y asertividad

Somos seres sociales, de modo que constantemente vamos a estar en contacto con otras personas, ya sea porque tenemos un vínculo muy íntimo, como serían los amigos, la pareja o los familiares, o porque tengamos que tratar con ellos esporádicamente o de manera más impersonal en el trabajo o en nuestro día a día. Es casi impensable que pienses en un día en el que no hayas hablado con nadie, ¿verdad? Bueno, quizá en el 2020, si vivías solo, algunos días te pudo pasar...

La cosa es que si no tienes claro tu valor, lo que mereces y cuándo decir «basta» o «esto conmigo no»; vas a ceder muchas veces ante situaciones que realmente te hacen daño, a poner a los demás por delante de ti. Te menosprecian y consecuentemente te menosprecias a ti mismo permitiéndolo.

Por eso, tienes que tener bien claro cuáles son tus derechos y hacerlos respetar cuando estos se vulneren. Si tienes claro donde está tu límite, es mucho más fácil que puedas identificar cuándo lo están traspasando e imponerte. Además, cuando vas por la vida sabiendo lo que mereces, afrontas las situaciones con otra predisposición menos perjudicial para ti.

Así que, aunque parezca muy básico, te voy a recordar tus derechos porque a veces se nos olvidan:

DERECHO A SER TU PROPIO JUEZ. Sí, tienes derecho a decidir si algo es bueno o malo para ti, si es mejor o peor...

DERECHO A NO JUSTIFICAR TU COMPORTAMIENTO. No le debes justificación a nadie sobre lo que haces o las decisiones que tomas. Puedes justificarlo si consideras que es positivo para una relación. Pero no tienes ninguna obligación de ir por ahí justificando todo lo que haces.

DERECHO A CAMBIAR DE OPINIÓN. Tienes derecho a cambiar tu forma de ver las cosas. Te puede apetecer ir a dar un paseo en un momento concreto y que después te deje te apetecer.

DERECHO A COMETER ERRORES. Sí, aunque a veces te parezca que equivocarte es lo peor que te puede pasar, tienes derecho a hacerlo.

DERECHO A DECIR NO LO SÉ. Otra cosa que parece una tontería, pero hay situaciones en las que te sientes mal por decir «no lo sé», por no tener una opinión formada sobre algo o simplemente no querer responder. Tienes derecho a decir «no lo sé» cuando te dé la gana.

DERECHO A NO NECESITAR LA APROBACIÓN DE LOS DEMÁS. Tu vida es tuya, las decisiones que tomas, por tanto, son tuyas también, y la única aprobación que necesitas, adivina de quién, es la tuya.

DERECHO A TOMAR DECISIONES QUE NO SON LÓGICAS. No debes ser todo el tiempo una máquina racional sin sentimientos. Ser humano implica que a veces no vas a ser lógico, sino incoherente, y no pasa nada tampoco.

DERECHO A NO CUMPLIR LAS EXPECTATIVAS AJENAS. No es tu responsabilidad cumplir con las expectativas de los demás. Las expectativas de Pepito son de la vida de Pepito y, por tanto, son su problema, no el tuyo. Si él espera que no cometas errores, tú no tienes ninguna responsabilidad en que se sienta mal si cometes un error.

DERECHO A SER TRATADO CON RESPETO. Parece de cajón, pero muy a menudo se olvida. Mereces el respeto de absolutamente todo el mundo y en cualquier circunstancia. Nada justifica una falta de respeto.

DERECHO A ELEGIR SI QUIERES O NO AYUDAR A LOS DE-
MÁS. Ayudar es maravilloso, pero hay veces que lo
haces porque te sientes obligado. Y no, no tienes la
obligación de estar siempre disponible para ayudar a
los demás, dejándote incluso de lado a ti.

La asertividad

Y bueno, es muy fácil decir que tienes que hacer respetar
tus derechos, pero, a la hora de la verdad, puedes sentirte
sobrepasado, no saber cómo reaccionar ante un conflicto,
acabar cediendo, pasándolo por alto, y, al final, dejando
que se vulneren tus derechos. Eso te hace daño, vulnera
la imagen que tienes de ti como persona eficaz en las relaciones.

Aquí entra en juego la asertividad, que consiste en
comportarse con seguridad y defender lo que quieres y
mereces, siempre desde la educación y el respeto hacia los
demás. Teniendo clarísimos sus derechos también.

Existen dos técnicas asertivas que te pueden ayudar a
gestionar algunas situaciones conflictivas:

Técnica petición cambio de conducta

Esta técnica te puede venir bien cuando tienes un conflicto con alguien de tu entorno cercano (amigos, pareja, fa-

milia...). El objetivo es que la otra persona sepa que está haciendo algo que te molesta o no te gusta. Por ejemplo, imagina que un amigo siempre te cancela en el último momento los planes, cuando tú ya te habías organizado para quedar. Es un patrón que lleva siguiendo mucho tiempo y a ti te molesta porque has dejado otras cosas para verte con él.

ATENCIÓN A ESTO

Antes de nada, ante cualquier interacción, tienes que tener en cuenta que, a veces, aparecen pensamientos irracionales que impiden manejar la situación y las emociones de forma beneficiosa. Es importante que aprendas a identificarlos y frenes a tiempo para evitar actuar de una manera destructiva para ti o para la otra persona, que es justo lo contrario que estamos buscando con las técnicas asertivas.

Pensamientos catastrofistas:
«No puedo aguantar más estas situaciones, voy a explotar, esto es insoportable», «Si se lo digo, se va a cabrear mucho y me la puede liar, así que mejor me callo».

Castigo:
«A partir de ahora, voy a cancelarle yo los planes en el último momento para que sienta lo que yo siento».

Deberías:
«Es que él debería darse cuenta de que no está bien que me haga esto sin que yo tenga que decírselo».

Minimización de sentimientos:
«No importa, da igual, estoy exagerando».

Autoexigirte:
«Me sienta mal cualquier cosa, soy demasiado sensible, debería dejar de molestarme».

Predicciones negativas:
«Se reirá de mí».
«Dejará de proponerme planes».

Una vez aclarado eso, puedes proceder a aplicar la técnica:

1. En primer lugar, debes tener claro lo que te molesta y lo que te hace sentir mal para poder comunicárselo claramente.
2. Se lo vas a expresar mostrando empatía (si es posible).
3. Le vas a pedir explícitamente lo que quieres que cambie.
4. Vas a exponerle las consecuencias si no lo hace.

Ejemplo:

1. Cuando me cancelas los planes en el último momento me siento frustradísimo (la consecuencia en ti).
2. Entiendo que a veces surgen inconvenientes (empatía), pero yo dejo de hacer cosas por quedar.
3. Quiero que dejes de cancelarme cada dos por tres los planes en el último momento (petición de cambio).
4. Si sigue sucediendo de forma tan habitual, sintién-

dolo mucho voy a dejar de quedar contigo (consecuencia).

Algunas cosas que tienes que evitar porque puede ser recibido mal por la otra persona o impedirte obtener el resultado que quieres son estas:

- Decirle cómo solucionar su problema: «Lo que tienes que hacer para no cancelar los planes en el último momento es...».
- Menospreciar: «Eres un desastre».
- Dar sermones morales: «Debería darte vergüenza, a tu edad creo que ya tendrías que dejar de hacer estas cosas».

Técnica banco de niebla

A veces, te puedes encontrar con personas que te critican con la intención de hacerte daño, de ir a joder, vaya. No suelen ser personas cercanas o importantes en tu vida, así que no merece la pena dedicar mucha energía a ellas. Ante estas situaciones, si te quedas callado porque no sabes cómo reaccionar después, puede que te sientas mal porque te has bloqueado y eso te genere impotencia.

Por otro lado, si reaccionas impulsivamente negando lo que te dice o contraatacando, das pie a que la otra persona siga con la crítica, entras al trapo, lo que la otra persona está buscando. Incluso si reaccionas muy impulsivamente puede que después te arrepientas porque sientes que no era la forma en la que te hubiera gustado actuar. ¿Entonces qué puedes hacer?

Existen tres opciones distintas según la situación, que una vez que las practicas son muy sencillas:

Si la crítica ha ido a hacer daño, pero tiene algo de verdad, puedes admitir ante la persona que hay algo de verdad en lo que dice.

Quizá te dé un poco de rabia admitir que tiene razón, pero recuerda que el objetivo es dejarle bloqueado, no darle pie a que siga porque es lo que busca. Y contraatacando le estás mordiendo el caramelito. Al final ten presente que no es alguien importante en tu vida y, por tanto, tampoco merece que le destines demasiada energía.

Por ejemplo:
«Parece que te equivocas mucho en el trabajo, ¿no?».
«Sí, me equivoco mucho».

«No te pareces en nada a las fotos que vi de ti».
«Tienes razón, no me parezco en nada».

Entender la crítica que te están haciendo. Esta me encanta porque dejas a la persona completamente descolocada. ¿Quién espera que entiendas una cosa que te ha dicho para hacerte daño o molestarte? Le rompes los esquemas.

Por ejemplo:

«No me gusta nada el acento que tenéis en vuestro país».

«Entiendo que no te guste nada».

«Odio el tipo de zapatos que llevas».

«Comprendo perfectamente que los odies».

El significado de tu respuesta queda completamente abierto a la interpretación de la otra persona. Esta puede pensar: «¿Me lo habrá dicho porque piensa que tengo mal gusto o porque realmente piensa que tengo razón?». Muestra también una falta de interés por tu parte a darle más explicaciones, así que en la mayoría de las ocasiones resulta en un cese de los comentarios por parte de la otra persona.

Responder con una frase relacionada con eso que te acaban de criticar, pero sin que tenga nada que ver con lo que te ha dicho.

Esta me encanta también, puede parecer que tengas un poco de demencia en el momento o que seas un poco tonto, pero es divertido porque te da igual lo que piense el otro. Solo quieres descolocarlo sin darle pie a continuar y sin mostrarle que te importa lo que te ha dicho.

Por ejemplo:

«Qué mochila/bolso/riñonera más horrible llevas».

«Es estupendo el color rosa que tiene».

«El coche que llevas parece una tartana, vaya cuadro».
«Gasta poquísima gasolina».

Decir que no

Repite conmigo: *no, no, no, no, no.*

Tienes derecho a decir que NO, tanto cuando te preguntan si quieres ir a tomar un café y no te apetece, como cuando te piden ayuda y no puedes ofrecerla. A veces, por miedo a las consecuencias, a no herir las emociones de los demás o a no saber cómo decirlo, accedes a peticiones y después te sientes mal, sientes rabia, porque no es lo que realmente querías. Es como si te decepcionaras a ti mismo.

Te dejo unos consejos para esos momentos en los que quieres decir que no, pero te da cosa decirlo por pena o culpa, y acabas cediendo o mintiendo para justificar el «no», lo que después te hace sentir peor.

Si no estás seguro de si quieres hacerlo, puedes decir a la otra persona que necesitas un tiempo para pensarlo. No tienes por qué dar una respuesta de inmediato siempre.

En el caso de que lo tengas claro, di claramente que no sin demasiadas vueltas. No necesitas dar explicaciones; si las quieres dar porque lo consideras adecuado está bien, pero no tienes la obligación de hacerlo (y en muchos casos, nadie las estará esperando siquiera). Sin embargo, no olvides mostrarte amable porque tampoco quieres hacer sentir mal a la otra persona.

Una técnica útil para hacerlo es la del sándwich, que consiste en decir algo agradable, seguidamente rechazar la petición y volver a decir algo agradable.

Por ejemplo, imagina que tu amigo te propone ir a tomar un café y dar una vuelta, pero tú no tienes ganas porque has tenido un día muy ajetreado y necesitas descansar. Una respuesta sándwich sería: «Muchas gracias por tenerme en cuenta para el plan, pero prefiero quedarme en casa hoy, aunque me encantaría que lo hiciésemos otro día».

En los casos extremos en que la otra persona siga insistiendo tienes varias opciones:

- Repetir la negación: «Entiendo que te apetezca, pero no voy a ir hoy», «Entiendo lo que me dices, pero no saldré».
- Quedarte en silencio, cambiar de tema o cerrar la conversación: No contestar los wasaps, despedirte en la llamada.
- Expresarle lo que te gustaría que hiciese: «Te he dicho bien claro mis intenciones, me gustaría que dejaras el tema ya».
- También puedes utilizar la técnica del disco rayado: repetir lo mismo sin importar lo que te diga.

Ejemplo: Estás en una tienda mirando y viene la dependienta a intentar venderte algo.

X: ¿Necesitas ayuda en algo?

Tú: No, gracias, estoy mirando.

X: Tengo una oferta muy interesante, ¿quieres que te la explique?

Tú: No, gracias, estoy mirando.

X: Es una superoferta. Ven, que te la explico, es un momento.

Tú: No, gracias, estoy mirando.

Aprende a detectar cuándo te están intentando hacer daño

Hay personas que para manipularte utilizan la técnica de no entenderte. Lo que consiguen mediante esta estrategia es hacerte sentir menos. Debilitan tu autoestima haciéndote sentir raro, culpable o inútil.

Si tienes claros tus derechos y eres capaz de identificar que están empleando esa estrategia contigo, puedes evitar que te hagan daño y tengan un impacto tan negativo en ti.

Y así es como se puede ver:

Decirte «no lo entiendo» como si esa persona tuviera que entender tu decisión o explicación para que puedas hacerlo. Recuerda que eres tu propio juez, y no todo el mundo tiene que comprender tus decisiones o explicaciones para que sean más válidas.

Y no, en estos casos no es que la persona genuinamente se interese por entenderte mejor y así poder apoyarte. Se nota que lo hace para menospreciarte.

Ejemplo:

Tú: Voy a dejar el trabajo porque no me hace feliz.
X: Pues no lo entiendo, tal y como está el mundo hoy y tú vas despreciando estas oportunidades...

Decirte «cómo has podido hacer esto». Mediante estos comentarios, de la misma forma que en el anterior, te hacen entender que tu conducta les ha impactado porque ellos no lo ven así o no les parece bien. Y solo si los demás lo comprenden es aceptable.

Ejemplo: «¿¿Cómo que no puedes terminarte toda la comida del plato?? Con lo rico que está, no lo entiendo...».
«Como has podido hacer eso tú». De esta manera la persona está intentando recalcar que le has decepcionado, que no esperaba eso de ti. Añadiéndote culpa.
«¿En serio vas a hacer eso ahora?». Está en la misma línea que los anteriores casos, pero te quiere manipular para impedirte que llegues a hacer algo, aunque tu comportamiento no sea perjudicial para nadie. Por ejemplo: «¿En serio vas a comerte eso ahora? Madre mía...».
El objetivo de todas las variantes de «no lo comprendo» es que hagas exactamente lo que la otra persona cree que deberías hacer. Es decir, que actúes para cumplir sus expectativas, no las tuyas.

En pocas palabras...

Tienes unos derechos, nadie tiene el derecho a menospreciarte o manipularte para hacerte creer que los suyos son más importantes o que sus opiniones están por encima de las tuyas.

Recoge las técnicas y aplícalas según la situación en la que te encuentres, comunicándote de forma que te respetes a ti mismo y a los demás.

Si una persona de tu círculo cercano e importante para ti está teniendo una conducta inapropiada, una buena técnica es la petición de cambio de conducta.

Si las personas que te hacen la crítica tienen intención de hacerte daño y no pertenecen a tu círculo cercano, conviértete en una pared en la que impactan sus ofensas utilizando las técnicas de banco de niebla.

Practica decir que no para no verte continuamente implicado en situaciones en las que no quieres estar. Estate atento a las técnicas de manipulación que utilizan para hacerte sentir culpable y vulnerable y no cedas ante ellas.

Eres una persona completamente capaz de hacerte valer y respetar en estas situaciones. Tener estas técnicas a mano tan fáciles de aplicar arma tu autoestima porque sientes que no estás indefenso ante los demás.

Una pequeña notita: a veces poner límites a personas de nuestro entorno cercano puede ser muy doloroso porque se puede dar el caso de que, ante una petición de cambio de conducta, no tengan en cuenta las consecuencias que les has dejado claro que iban a tener sus acciones.

15

Dejar ir y adaptarte

¿Como llevas el dejar ir, los cambios, adaptarte y conseguir comprometerte con las nuevas metas?

Incluso trasladarte del sótano de tu casa a un museo supondría una adaptación y dejar ir la comodidad de lo conocido. Y por mucho que lo quisieras y lo valieras, si no estuvieras dispuesto a dejar ir eso, podrías llegar a pasar toda tu vida encerrado en una habitación que ya conoces por tener miedo a dejar atrás o enfrentarte a la incertidumbre. O si te pusieran en el museo, pero no pudieras adaptarte, vivirías condenado a estar en un sitio que piensas que no te hace bien.

Dejar ir

¿Cuántas veces te has aferrado a alguna situación o persona porque pensabas que dejarlo ir significaría fracasar o enfrentarte a una incertidumbre que no podrías tolerar?

Ese es el pensamiento que hace que te quedes en sitios que te perjudican o te impiden avanzar. Es un miedo que te hace sufrir, porque en el fondo sabes que no estás en el lugar indicado o haciendo lo que realmente sería mejor para ti o lo que te gustaría. Eso deteriora tu autoestima poquito a poquito.

Puede que sigas en un trabajo que no te hace feliz porque piensas que dejarlo significaría que no eres capaz de mantener un empleo. Que acabes una carrera que no te gusta porque dejarla significaría «haber perdido tres años de tu vida» o empezar otra que quizá no te guste tampoco. Y aunque tal vez sea en parte un fracaso, porque un proyecto que habías empezado con ilusión no ha salido como pensabas, es urgente que lo dejes ir. Es necesario para poder progresar hacia un lugar en el que estés mejor. Fracasar es lo normal.

A lo mejor te aferras también a versiones de ti que ya no existen, a momentos que ya fueron. Tú siempre vas a ser tú, y tu personalidad se mantiene más o menos estable a lo largo de tu vida, pero con el tiempo evolucionas, se cierran ciclos y empiezan otros, cambian tus gustos y tus necesidades, y si no te adaptas a ese cambio vives en una versión de ti no actualizada. Tu autoestima se mantiene baja porque no has procesado todos los logros que has conseguido, todas las fortalezas que has adquirido.

Perder es de valientes. Quien no lo intenta, no puede fracasar, pero tampoco puede ganar.

> **¿Y tú...?**
>
> ¿A qué cosas/situaciones/personas sigues aferrado por miedo a dejarlas ir cuando en el fondo sabes que no estás en el lugar correcto?

Tolerar la incertidumbre

Para entrar en la dinámica de dejar ir, de involucrarte en cambios, es necesario que aprendas a tolerar la incertidumbre. La mayoría de las veces que nos resistimos al cambio se debe a dos razones: que no somos conscientes de que necesitamos ese cambio o que tenemos miedo a lo que pueda pasar en una realidad que es aún impredecible. Es decir, tenemos miedo a la incertidumbre.

Tenemos que entender que la incertidumbre es una parte inevitable de la vida, no hay nada seguro en ningún momento. Todo puede cambiar en un instante.

Si llegaras al Louvre, tampoco sabrías qué cosas pueden pasarte allí, aunque el sitio estuviera supervigilado, también te podrían hacer daño. Podrían surgir imprevistos asimismo. En el pasado robaron la *Mona Lisa* del

Louvre, antes de que le pusieran esa doble protección de cristal. Hasta entonces únicamente tenía a los agentes de seguridad asegurándose de que estuviera a salvo, pero ni así fue suficiente. Nunca sabes lo que puede pasar.

Aunque todo sea impredecible, siempre vas a seguir teniendo el control sobre tu propia conducta y la posibilidad de utilizar tus conocimientos y herramientas para hacer frente a las dificultades que puedas encontrarte. Y que, si no las tienes, las puedes desarrollar o encontrar alguna solución.

La robaron, pero la encontraron. Buscaron la manera. Ante las cosas que te pasan siempre tienes la posibilidad de hacer algo para solucionarlo. Siempre tienes el control sobre tu propia conducta.

> **¿Y tú...?**
>
> ¿Qué preocupaciones y predicciones te están impidiendo dejar ir y permitir que otras entren en tu vida? Siéntate con ellas, no las evites, pero tampoco dejes que dirijan tu vida. No respondas a la necesidad de tenerlo todo bajo control.

El clic

¿Qué necesitas que pase para que tomes esa decisión de salir del sótano de tu casa para emprender el camino al Louvre?

Muchos de los cambios en la vida aparecen cuando algo sucede que te hace darte cuenta de que no puedes continuar así. Todos hemos pasado por etapas o momentos en los que hemos estado mal, pero no éramos conscientes de ello porque lo habíamos normalizado, hasta que un acontecimiento nos hizo decir basta y adelante con lo siguiente.

Normalmente así es como empiezan los cambios, algo nos hace clic. Y ese clic puede ser una crisis de ansiedad que nunca habías experimentado, leerte un libro que te hace cuestionarte cosas, una charla profunda con una persona de confianza o con un desconocido, un malestar tan grande que te sobrepasa... o tu atención consciente. Si aprendes a escucharte, a monitorear cómo estás, no hace falta que algo así ocurra para que sepas que ha llegado el momento de cambiar.

Si prestas atención a tu planta cada día, te darás cuenta de que se le están cayendo las hojas y podrás cambiarla de sitio antes de que se le hayan caído todas y requiera mucho más tiempo para que se recupere en otro lugar.

En pocas palabras...

Pregúntate a menudo:
¿Cómo estoy?
¿Hay algo que está drenando mi energía y debo cambiar?
¿Estoy yendo en la dirección que quiero?
¿Necesito hacer algún ajuste en mi vida que me lleve a un punto mejor?

Una vez que se te planta la semillita del cambio, empiezas a ser consciente de que algo debe coger un rumbo diferente, que no va bien; ese es el momento de empezar a poner todo de tu parte, de convencerte a ti mismo de por qué debes involucrarte en el cambio. Requiere que reevalúes, que te seas honesto y que recuerdes que fracasar es parte del proceso.

En otras ocasiones tendrás que dejar ir sin que seas tú el que decida. La vida o las personas habrán tomado esa decisión por ti y tú tendrás que adaptarte. En este caso, te encontrarás de lleno en la etapa de acción, ya estarás en el cambio.

Sin embargo, mientras sea tu decisión, vas a tener que autoevaluarte y prepararte mentalmente para pasar a la acción. Cuando te hayas convencido de que debes dejar ir, toca implicarse en el proceso de transición y adaptación.

EJERCICIO ANTE EL CAMBIO

Cuando estés en la etapa de dejar ir, o bien porque ya has tomado la decisión, o bien porque la vida la ha tomado por ti, llevar a cabo este ejercicio te puede ayudar a aclarar en tu mente lo que está pasando, lo que implica, lo que necesitas y te va a permitir asimilarlo mejor. Incluso te animo a hacerlo ahora que vas a emprender tu camino hacia la alta autoestima, dejando atrás esas conversaciones oscuras contigo. Di adiós a esa etapa con este ejercicio.

¿Qué se está terminando? ¿Qué voy a perder y ganar?

1. Describe con el mayor detalle posible: ¿Qué va a cambiar a partir de ahora?
   «Voy a tratarme con respeto y hacerme respetar, voy a tomar decisiones que me beneficien y no me destruyan, voy a ser amable conmigo cuando me equivoque, voy a dejar mi juego mental atrás, voy a explorar de lo que soy capaz».

2. ¿Cuáles son los efectos secundarios que el cambio va a causar? Como en el primer paso, describe exactamente qué va a ser diferente.
   «Voy a tener que dejar ir cosas con las que me siento cómodo, pero que me perjudican, como por ejemplo...».

3. Describe exactamente qué cosas vas a tener que dejar ir en cada caso.
   «Voy a tener que dejar ir la comodidad de dar la razón a todo el mundo para evitar conflictos».
   «Voy a tener que dejar ir la relación con Olivia porque me manipula y me perjudica».
   «Voy a tener que dejar ir la comodidad de no trabajar en mí».

4. ¿Detrás de esas pérdidas hay algo que se ha terminado para siempre? ¿Es un capítulo de tu vida que se ha acabado? ¿O es una pequeña adaptación en tu etapa?
   «Se ha terminado para siempre mi yo inseguro y complaciente».

5. ¿Cómo te hace sentir lo anterior? Recuerda que es normal percibir tristeza, ansiedad, desorientación, rabia. Es importante que lo identifiques y utilices estas emociones como fuente de información.
   «Me produce miedo e incertidumbre».

6. Intenta equilibrar la pérdida.
   «Me recordaré muy a menudo lo que estoy haciendo por mí y me recompensaré».

7. Marca el final de la etapa anterior.
   Puedes realizar algún acto simbólico que determine el final de la etapa anterior. Por ejemplo: una cena especial contigo mismo con la temática de «adiós, baja autoestima».

8. Recuerda que los finales aseguran la continuidad de lo que realmente importa.

¿Aprender a adaptarse?

Como te decía antes, aunque llegues al Louvre después de esa decisión difícil de emprender el camino, si no eres capaz de adaptarte y autorregularte una vez allí, vas a enfermarte en el mejor lugar en el que podrías estar. Y te sentirás miserable y poco autoeficaz por no haber podido tomar las mejores decisiones para ti en esa nueva situación.

Ante cualquier cambio es importante que entiendas la responsabilidad activa que posees para influir en este positivamente. Tienes la libertad de elegir en cada paso de tu camino, eso es lo maravilloso de tu vida, que en todo momento tienes el poder de florecer en la dirección que quieras. Pero para hacerlo, a veces hay que tomar decisiones que van en contra de tus impulsos naturales, tienes que cambiar de posición para que te dé la luz o protegerte de la lluvia.

La añoranza de esa habitación oscura puede que te pida volver al sitio donde estabas, pero si te dejas llevar por tus pensamientos automáticos, si únicamente actúas según los hábitos de toda la vida, ¿cómo te vas a adaptar a una nueva situación correctamente? ¿Cómo vas a desarrollar y mantener esa buena autoestima?

Aunque los hábitos y los pensamientos automáticos, de los que ya te he hablado antes, son maravillosos en muchos momentos, cuando quieres cambiar patrones, tendencias o adaptarte a una nueva situación, hay que ir en contra de lo que nos conducirían a hacer.

Así que, sí, tienes la capacidad de autorregularte: autocontrolarte, dirigir tu conducta, gestionar tus emociones, monitorearte y ponerte objetivos.

Y puedes elegir utilizar el conocimiento sobre cómo funciona tu mente, que ahora mismo te voy a proporcionar, y emplearlo en tu proceso. Y no solo cuando te tengas que adaptar a nuevas situaciones, te va a servir en cualquier ocasión de tu vida en la que debas autorregularte, como en tu crecimiento personal.

Para entender esta capacidad de autorregulación, tienes que saber que posees unas habilidades mentales que son las que te lo permiten. Estas son las funciones ejecutivas, entre las que se encuentra el autocontrol, y a las que vamos

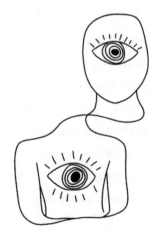

a llamar «nuestro segundo ojo» para hacerlo más poético. Estas funciones ejecutivas te brindan una segunda interpretación de las cosas, una segunda oportunidad antes de tomar una decisión que te perjudique en tu camino. Sin este segundo ojo, lo haríamos todo desde el impulso, desde la emoción del momento, como el resto de los animales. Pero a este ojo hay que potenciarlo, ya que, de forma natural, el primer ojo (los impulsos) gana al segundo.

Potenciar el segundo ojo (o el autocontrol)

Mediante la memoria

Gracias a la memoria, tu segundo ojo puede acceder a la información relevante para ti en el momento en que lo necesita, tiene acceso al pasado, al presente y al futuro deseado. Parece brujería, pero esta magia es tuya.

Seguimos con el ejemplo del Louvre. Llegas al museo, todo muy bonito, pero te sientes mal; al final es un sitio desconocido. Estabas acostumbrado a una habitación oscura y ahora sientes añoranza y miedo. Estar en el Louvre en tu vida simboliza lo mismo que empezar un nuevo trabajo, una nueva rutina, en una nueva ciudad, romper con tu pareja, dejar atrás la baja autoestima, etc. Cualquier cambio o decisión que te ofrezca una posibilidad de crecimiento y mejora.

Aquí es donde entra en juego el segundo ojo, que es

capaz de traerte a la mente consciente el motivo por el que estás ahí y por el que no quieres que el primer ojo te haga tomar decisiones que te perjudiquen. Te recuerda que, aunque es desconocido e incómodo, ese es el lugar que mereces y que te va a aportar muchas más cosas positivas que una habitación oscura. El objetivo final era estar bien, y para estar bien tienes que adaptarte al sitio donde estás.

Por eso tienes que tener muy claro cuáles son tus objetivos y convertirlos en una foto mental que lleves siempre en tu camino. Como esa foto de una persona importante que llevas en la cartera allí donde vas.

Suena muy fácil, pero puede resultar realmente difícil cuando una situación es nueva y aún no has interiorizado ningún hábito, o cuando quieres conseguir algo a largo plazo y tienes que regular tus decisiones en cada paso para alcanzarlo. En esas circunstancias, tu segundo ojo va a ser el que tome el control todo el tiempo hasta que se convierta en algo automático que pueda regular el primer ojo sin esfuerzo consciente.

Así que deberás intentar ayudarlo para que no le cueste tanto acceder a esa foto mental. Una forma de hacerlo es dejando huellas, una huella que le haga recordarla. El nombre técnico que reciben estas huellas es *priming*.

Y te preguntarás... ¿qué son las huellas? Para que nos entendamos, son pistas que le dejas a tu segundo ojo ahora para que, con posterioridad, le recuerden a algo. Por ejemplo, ¿nunca te has tenido que tomar un medicamento y lo has dejado a la vista en la cocina para que no se te olvide? Pues utilizaste el *priming* sin saberlo. En el momento en el que te acordaste de que tendrías que tomarte el medicamento y se te podía olvidar, te pusiste una huella para tu segundo ojo, que al verlo por las mañanas, te recordaría que tienes que tomarlo.

Por tanto, en un momento en el que estés motivado, puedes pensar en cosas que te vayan a inducir esa motivación cuando estés desmotivado. Ahora que estás leyendo este libro y tienes claro todo lo que te puede aportar trabajar tu autoesitma, puedes dejarte huellas para esos momentos en los que creas que se te puede dificultar el proceso.

Esto se sustenta en que puedes asociar conductas a ciertos estímulos o estados motivacionales a ciertas palabras. De hecho, ya tienes muchas palabras asociadas a ciertos estados de ánimo.

Si te dices a ti mismo que te admiras, no te despertará las mismas sensaciones o estados que si te dices que te odias. Si te dices inteligente, no te despertará lo mismo que si te dices tonto.

Quizá ahora, después de tanto repetírtelo durante todo el libro, la *Mona Lisa* también se haya convertido en una huella para recordarte lo que vales y la puedes utilizar para autorregularte en tu proceso de mejora personal.

Algo tan simple puede activarte determinados estados mentales. Así pues, si necesitas tener accesible una cierta representación mental a la hora de tomar decisiones, piensa en una palabra, una imagen, un objeto que puedas asociar a esa representación y a la que el segundo ojo pueda acceder en los momentos importantes en los que esa representación puede ser clave en tu autorregulación.

Si sabes que cuando te expongas a ciertas situaciones, como, por ejemplo, conocer gente nueva, puede que te sientas abrumado y con ganas de evitarlo, puedes llevar encima o en el móvil una imagen de la *Mona Lisa*. Esa será la huella que te recuerde lo que has trabajado y por qué es importante que te expongas y no evites la situación.

Mediante la atención

Tu atención es limitada, y por mucho que quieras, no puedes estar prestando atención a muchas cosas a la vez. Aunque lo fantasees, tu ojo no puede mirar a la luna y al suelo al mismo tiempo. Pero aunque limitada, es libre. En cada momento puedes decidir dónde quieres enfocarla, dónde quieres que mire tu segundo ojo. Y eso te proporciona un gran poder, la elección.

Elegir a tu favor cuando tienes dos estímulos que compiten por tu atención, siendo un estímulo la tentación o la comodidad y el otro, «lo que es mejor para ti», no es fácil. Es como si el primer ojo quisiera mirar arriba y el segundo, abajo. Quieres que el segundo gane al primero.

Cosas que puedes hacer para ayudar a tu segundo ojo, ya sea ahorrándole trabajo o ayudándole a ganar:

- **Prevenir, seleccionando la situación**
Esta opción te previene de que tengas que utilizar el segundo ojo. Consiste en escoger situaciones que promueven lo que quieres conseguir y evitar aquellas en las que el autocontrol puede ser difícil. Por ejemplo, evitar mirarte al espejo antes de salir cuando aún te sientes inseguro con tu cuerpo porque sabes que eso te hace empezar a darle demasiadas vueltas y te puede tentar a quedarte en casa o dar pie a las distorsiones cognitivas. O evitar estar cerca de personas que sabes que te hacen comentarios que te hacen sentir mal con tu cuerpo y que pueden reactivar ese juego mental que tendrás que desactivar con tu segundo ojo.

    Esta estrategia es útil en ciertos momentos de la adaptación a una nueva situación o de adquirir nuevos hábitos, pero a largo plazo no es lo mejor, pues se basa en parte en la evitación. Así que hay que saber cuándo utilizarla a tu favor. En el ejemplo anterior puede ser útil cuando estás aún trabajando en destapar tu juego mental y cambiarlo por otro. Sin embargo, a largo plazo, para sentirte competente y autoeficaz tendrás que enfrentarte a las situaciones en lugar de prevenirlas.

- **Modificación de la situación**
Consiste en alterar la situación para conseguir tu obje-

tivo y evitar que el segundo ojo tenga que trabajar mucho. Por ejemplo, si sabes que tener un espejo en tu cuarto te tienta a mirarte mucho y te desata pensamientos negativos automáticos, saca ese espejo de la habitación durante el tiempo en el que estás trabajando en ello. De esta manera, el segundo ojo no tiene que recordarte que tu valor no depende de tu físico, incluso en tu lugar de descanso y paz. O si sabes que tu amigo te pide favores cada dos por tres y estás en un momento estresante en el que necesitas focalizarte en ti y esta persona solo te hace sentir mal, utiliza el modo de teléfono en que silencias todas las llamadas y mensajes de la otra persona.

- **Despliegue atencional**
Consiste en dirigir la atención de tu segundo ojo a aspectos de la situación que te ayudan a autocontrolarte y alejarte de distracciones, tentaciones y otros aspectos que podrían hacer que el primer ojo gane. Esto lo puedes aplicar en multitud de casos. Para explicártelo mejor, voy a tomar de ejemplo los pensamientos intrusivos.

Los pensamientos intrusivos son aquellos que aparecen sin que tú quieras y te hacen daño porque te repiten incesantemente cosas que te duelen. Por ejemplo, cuando te viene a la mente que hiciste el ridículo un día de verano de 2013 cuando te caíste en la calle delante de un grupo de personas. Cuando esto sucede, lo que quieres conseguir es dejar de pensar en ello, deshacerte de ese pensamiento porque te hace daño, pero cuanto más intentas dejar de pensar en eso, más piensas.

En este caso, cuando aparece el pensamiento intrusivo que está influyendo en tu estado de ánimo y necesitas dejarlo ir, la mejor estrategia es cambiar el foco de atención del segundo ojo a otra cosa. Si tu atención está completamente centrada en una tarea, no podrá estar al mismo tiempo en el pensamiento intrusivo. En este caso tu ojo pasa de mirar de dentro afuera. Así que ponerte a dibujar, mirar la tele, hablar con un amigo cuando esto sucede ayuda a que ese pensamiento se marche porque dejas de prestarle atención. No obstante, a veces no sirve que orientes la atención a cualquier cosa. Si los pensamientos intrusivos tienen una carga emocional fuerte es fácil que tu atención se vuelva a dirigir a ellos.

En estos casos tienes que encontrar algo que te haga entrar en estado de *flow*. Involucrarte en una tarea o actividad que te guste, que te haga perder la noción del tiempo y que no sea tan fácil que te aburras ni tan difícil que te frustres. Tiene que ser un reto asumible.

Mediante la inhibición del primer ojo

Esta función se basa en deliberadamente inhibir las respuestas dominantes, automáticas o predominantes.

Los hábitos e impulsos activan esquemas motores que

si no son inhibidos pueden expresarse en la conducta una vez que hayan llegado a un cierto grado de activación. Es decir, que si el primer ojo lleva un rato mirando al mismo sitio, va a ser casi imposible que el segundo ojo gane.

Y como no quieres alcanzar ese grado de activación, tienes que ser capaz de detectar tu estado a tiempo. En este caso monitorearte es tu aliado. Solo si conoces tus precursores y reacciones podrás pararte a tiempo.

Por ejemplo, si sabes que, por lo general, cuando te sale algo mal tienes el impulso de abandonar y pensar en lo poco que vales, puedes utilizar tu segundo ojo para inhibir ese impulso de ceder porque piensas que confirma que vales poco evitando entrar en la espiral. Al primer pensamiento de «no valgo» lo rebates, diciéndole que es normal equivocarte y que eso no define tu valor. Y no abandonas deliberadamente.

Mediante la planificación

Planificar qué puedes hacer en el caso de que te encuentres una dificultad u obstáculo te va a ahorrar el esfuerzo de tener que autocontrolarte en el momento. Cuando ya tienes un plan, solo has de adherirte a él, y así es más fácil que gestiones la situación con éxito.

Para ello, primero reflexiona sobre cuáles pueden ser unos posibles obstáculos para ti y pensar qué estrategia seguir en esa situación.

Hay varios tipos de planificación. Puedes planificar lo que vas a hacer activamente en algún momento: «Antes de ir al trabajo me repetiré estas afirmaciones para sentirme mejor». También puedes planificar qué dejaras de hacer porque no te beneficia en ciertas situaciones, por ejemplo: «Aunque me ponga nerviosa, no me iré». Por último, también puedes planear cómo resistirás una tentación, por ejemplo: «Cuando aparezca esa vocecita que me dice que no puedo hacerlo y que abandone, le demostraré lo contrario».

Otro ejemplo sería que cuando me sienta sobrepasada en el nuevo trabajo haré ejercicios de respiración durante un minuto, me leeré una nota del móvil que me habré apuntado con afirmaciones, escucharé esa canción que me motiva, seguidamente me pondré a trabajar, y si aun así sigo sin concentrarme, llamaré a Marta para hablar del tema.

Cosas que debes saber de tu segundo ojo

Tu segundo ojo depende de una fuente de energía que se agota, y no metafóricamente. El autocontrol acaba con los niveles de glucosa en sangre. La glucosa es la energía consumida por el cerebro para llevar a cabo actividades mentales y funciones en el cuerpo.

¿Para qué te sirve saber eso? Pues porque la capacidad para utilizar el segundo ojo es limitada. Y se puede agotar cuando haces un sobreesfuerzo cognitivo, por ejemplo, cuando tienes mucha carga de trabajo o has tenido que autocontrolarte mucho porque estás pasando por una situación personal complicada. Así como cuando estás en un entorno con muchos estrestores ambientales, vaya, lo que dicen de que el entorno importa es porque, entre otras muchas cosas, un ambiente tóxico al final agota tu energía mental y física.

Es importante que lo sepas porque si piensas que tu segundo ojo puede estar en control infinitamente te puedes frustrar por creer que hay algo mal en ti por no poder autocontrolarte bien en cualquier situación. Así que no intentes ponerte mil retos a la vez, no te involucres en mil cosas de golpe porque vas a acabar frustrado. Asume retos asumibles y progresivos, y aprende qué cosas puedes hacer para rendir mejor y recuperar tus niveles iniciales de autocontrol.

Lo bueno es que, aunque se agota, también puedes recuperar esa capacidad de autocontrol mediante el humor y la risa, por ejemplo. Por si te faltaban motivos de por qué es bueno buscar humor y risa activamente, aquí tienes otro: ayudan a recuperar esa energía que se te ha drenado mentalmente. Así que ve una serie o película divertida, guárdate vídeos de TikTok o reels que te hagan reír y míralos cuando lo necesites, habla con esa persona que te saca siempre una sonrisa, ríete de ti mismo (sin ridiculizarte)...

Otras emociones positivas: haz algo bonito por alguien a quien quieres y aprecias, dales las gracias a las personas de tu entorno, agradécete a ti mismo, escucha una canción que te motive...

Intenciones de implementación: planificar «si... entonces...», si hago algo que me requiere mucho esfuerzo después intentaré hacer cosas que me relajen y desconecten...

Mantener la motivación muy alta y centrada en el objetivo: recuérdate continuamente todo lo que te va a aportar aquello que estás haciendo. Ten presente lo imparable que serás una vez que hayas trabajado en tu autoestima.

¿Y ya estaría?

Bueno, la verdad es que me gustaría poder decirte: «Hala, ahora que ya sabes que estas habilidades te ayudarán a desarrollar y cultivar una buena autoestima, tu vida será completamente diferente». La realidad es que a lo largo de estas páginas yo te he pasado mi conocimiento, te he proporcionado herramientas, pero ahora entra en juego tu trabajo. Ahora te toca aplicar poco a poco y en diferentes situaciones todo lo que has aprendido. Aunque no olvides lo que te decía del autocontrol, no quieras hacerlo todo de una. No pretendas ver un cambio radical de la noche a la mañana. Date tiempo, escúchate y recuerda que hacerte consciente de tus procesos internos y de tus conductas es un gran paso, el primer gran paso.

Celebra cada vez que apliques alguna habilidad como
lo que es, un gran logro.
Celebra cada actividad, tarea, meta que logras cumplir
dándote el valor que mereces. Aumentando
tu autoeficacia y tu sensación de valía personal.
Celebra cada adiós, cada final, como lo que es,
una oportunidad para descubrirte mejor
y seguir creciendo.
Celebra cada vez que identifiques una emoción
y las gestiones de forma que no te dañes a ti mismo.
Celebra cada vez que defiendas tus derechos evitando
anteponer los de los demás.
Celebra cada vez que te das un abrazo en lugar de
criticarte cuando las cosas no salen como te gustaría.
Celebra cada vez que toques la tecla correcta.

16

Déjame que te hable de amor... propio

Me gustaría terminar este libro con lo que es más importante para mí: el amor.

Durante toda mi vida he oído hablar del amor en términos románticos hacia la pareja, la familia, los amigos... Pero ¿dónde queda la relación de amor con uno mismo? ¿Cómo se da amor a uno mismo?

Para empezar, creo que es un buen punto de partida fijarnos en qué consideramos amor hacia a los demás, el amor sano «ideal».

Si estuvieras teniendo una conversación con tu mejor

amiga o amigo y te estuviera contando cosas sobre su relación de pareja, ¿qué te gustaría escuchar? Dudo que te hiciera mucha gracia darte cuenta de que ha normalizado conductas de maltrato o ver que ha dejado de lado a su círculo cercano por su pareja. Tampoco sería realista que te dijera que le encanta absolutamente todo de la otra persona, que la tuviera idealizada, siempre hay alguna cosita que te puede no gustar tanto; ya sean manías, la forma de ser o incluso algo físico. Eso no quiere decir que la quieras menos, simplemente la aceptas, la quieres tal y como es. Trabajáis en conjunto para mejorar las cosas que se pueden mejorar y aceptas que forman parte de su persona.

La diferencia con las relaciones de pareja es que llevas contigo toda la vida y ya has visto durante todo el trayecto del libro que quizá te han enseñado que no está bien quererte como eres. Que hay cosas de ti que no son aceptables. Si te das cuenta... puede que hayas estado dentro de una relación tóxica contigo durante tantos años que ahora pasar a tener una sana no es un camino de rosas.

Así que el primer paso hacia el amor sano es la comprensión. Mírate y date la mano, compréndete. Has pasado por muchas cosas hasta llegar al punto en el que te encuentras. Recuerda la autocompasión.

Hay veces que la persona que ves en el espejo tendrá palabras feas hacia ti, porque son impulsos primarios que al principio cuestan reprimir, hasta que se vuelven un hábito, hasta que se incorpora en tu esquema mental ese nuevo pensamiento sobre cómo debes tratarte y cuál es tu valía real. Es un camino largo, no te desesperes ni abandones, si lo haces quizá te quedes a las puertas de esa calma interior. Al final, el amor trata de sentir calma, serenidad contigo mismo. No creer que la marea te puede volcar en cualquier momento. Tal vez alguna ola tambalee el barco, pero no te llega a tirar.

El amor no es sentir que me como el mundo un día y al día siguiente me odio. El amor es que un día te comes el mundo y al día siguiente a lo mejor no, porque igual no te apetece, pero no te odias por eso. Entiendes que las emociones fluctúan, pero no te definen.

Tienes el compromiso de pasar toda la vida contigo, así que en lugar de centrarte en batallar contigo, en ganar guerras interiores, busca soluciones sobre las cosas que pueden mejorar y acepta las que no se pueden cambiar.

Todo lo que has leído hasta llegar a este apartado es un acto de amor. Amor porque quieres dejar de autosabotearte, de hacerte daño con creencias irracionales, quieres trabajar para ser la mejor versión de ti con la que podrías estar. Te aceptas en cada punto del proceso porque de eso va el amor, de aceptarse, de no tolerar el maltrato y de poco a poco trabajar para ser un mejor compañero de vida.

Mandamientos del amor por ti

- Trátate con cariño, con el mismo respeto que lo harías con los demás.
- Agradécete las cosas que haces por ti de la misma forma que haces con los demás.
- Proporciónate un espacio para hablar contigo cuando lo necesites. Pregúntate cómo estás de vez en cuando y qué necesitas de la misma forma que haces con los demás.
- Conviértete en un apoyo estable para ti mismo.
- No te hagas *ghosting*, no desaparezcas entre actos de agradar a los demás.
- Ilusiónate por las cosas buenas que te pasan, igual que lo harías con los demás.
- Ten detalles contigo, igual que los tendrías con los demás.
- No te aísles en tu mundo dejando de lado a tu círculo cercano.
- Ten conversaciones honestas contigo.
- Prémiate por todo lo que consigues, por pequeño que parezca.
- Valora los pequeños detalles que tienes contigo.
- Anímate a hacer aquello que te gusta y que no has hecho por miedo. Conviértete en un apoyo y motivación para ti mismo.
- Haz bromas de las cosas que te pasan (sin minimizar ni faltarte al respeto).

- Acepta tus errores, son una fuente de información para mejorar.
- No te faltes el respeto de forma consciente.
- Acepta las cosas de ti que no se pueden cambiar y trabaja duro en aquello que se puede mejorar.
- Repítete cosas bonitas a ti mismo, recuerda las autoafirmaciones. Es importante estimular positivamente a nuestro entorno y a nosotros.
- Recuerda que lo que haces tiene un efecto dominó. El *priming*. Aquello a lo que te expones ahora tendrá un efecto después.

Sin agua las plantas no crecen. De igual forma tu amor no progresará si no lo riegas, si no le pones atención de tanto en tanto. Reconoce cómo está creciendo, mira las hojas nuevas que le están saliendo. Una planta no crece de un día para otro, es un proceso lento, y no todo el mundo está dispuesto a esperar ese tiempo, por lo que dejan de cuidarla y acaba muriendo. Y vuelven a plantar otra, y le acaba pasando lo mismo.

El fuego no tiene sombra, es capaz de generar su propia luz.

Pase lo que pase, aunque te equivoques, aunque las cosas te salgan mal, aunque tu pensamiento te sabotee a veces y te lo ponga difícil, eres capaz de generar tu propia luz, SIEMPRE. No necesitas la aprobación de los demás para valer más, no necesitas gustar a todo el mundo.

Lo único que necesitas es generar tu propia llama para ver tu interior con claridad, para poder destapar esas creencias disfuncionales que hay detrás y empezar a alumbrar lo que a ti más te interesa.

Agradecimientos

Gracias a ti, Ariane, por hacer esto posible, por ser una mano amiga que me ha acompañado y ha puesto su corazón en esto. Gracias por enseñarme tantas cosas a lo largo de este camino y hacerlo con tanta bondad.

Gracias a ti, Blai, por confiar en mí, has sido ese amor seguro que te empuja a crecer, a mejorar y que siempre está ahí. Además de ser la demostración de lo que es tener buena autoestima y que ha alimentado la mía.

Gracias a mis padres por su apoyo incondicional. Por dejarme ser yo aun poniéndome límites que no me llevaran por un camino equivocado.

Gracias a ti, Deiane, por enseñarme lo que es una amistad real, por alegrarte de mis logros como si fueran tuyos.

Gracias a ti, que me has apoyado en redes sociales y has decidido pasar un tiempo de tu vida escuchándome, en pódcast o vídeos. Gracias a ti puedo hacer esto hoy.

Gracias a mí misma, por tomar las decisiones correctas, o no, pero que me han permitido escribir este libro, un sueño cumplido. Por no conformarme con lo que se supone que debía y confiar en mí.

Gracias a ti, que estás leyendo este libro, por dedicarte este tiempo. Por querer quererte mejor y no conformarte con sentirte mal.

Referencias

BARNARD, Laura K. y John F. Curry, «Self-compassion: conceptualizations, correlates & interventions», *Review of General Psychology*, 15(4), 2011, pp. 289-303.

BAUMEISTER, Roy F., Kathleen D. Vohs y Dianne M. Tice, «The Strength Model of Self-Control», *Current Directions in Psychological Science*, 2007, 16(6), pp. 351-355.

ÇILI, Soljana, Sharon Pettit y Lusia Stopa, «Impact of imagery rescripting on adverse self-defining memories and post-recall working selves in a non-clinical sample: a pilot study», *Cognitive Behaviour Therapy*, doi:10.1080/16506073.2016.1212396, 2016.

COLLADO, E. D. y A. C. Vindel, *Habilidades sociales*, Sociedad Española para el estudio de la Ansiedad y el Estrés (SEAS), 2014, pp. 120-150.

COOPER, J. O., T. E. Heron y W. L. Heward, *Applied*

Behavior Analysis, Upper Saddle River, NJ, Pearson Education, 2007.

Cooper, M. J., «Working with imagery to modify core beliefs in people with eating disorders: A clinical protocol», *Cognitive and Behavioral Practice*, 18(4), 2011, pp. 454-465.

Feeney, J. y P. Noller, *Apego adulto*, Bilbao, Desclée de Brouwer, 2001.

Fennell, M. J. V., *Low Self-Esteem*, en: N. Kazantzis y L. L'Abate, eds., *Handbook of Homework Assignments in Psychotherapy*, Springer, Boston, MA, 2007, pp. 297-314.

Fennell, M., *Overcoming Low Self-Esteem*, Nueva York, New York University Press, 2001.

García, A. R., «La educación emocional, el autoconcepto, la autoestima y su importancia en la infancia», *Edetania. Estudios y propuestas socioeducativos* (44), Valencia, 2013, pp. 241-257.

Gilbert, P. y S. Procter, «Compassionate mind training for people with high shame and self'criticism: Overview and pilot study of a group therapy approach», *Clinical Psychology & Psychotherapy: An International Journal of Theory & Practice*, 13(6), pp. 353-379.

Greenberger, D. y C. A. Padesky, *Mind over mood: Change how you feel by changing the way you think*, Nueva York, Guilford Publications, 2015.

Harris, R., *ACT Made Simple: An Easy-To-Read Pri-*

mer on *Acceptance and Commitment Therapy*, Oakland, New Harbinger Publications, 2019.

Harvey, A. G., J. Lee, J. Williams, S. D. Hollon, M. P. Walker, M. A. Thompson y R. Smith, ^Improving outcome of psychosocial treatments by enhancing memory and learning», *Perspectives on Psychological Science*, 9(2), 2014, pp. 161-179.

KREDLOW, M. A., H. Eichenbaum, M. W. Otto, «Memory creation and modification: Enhancing the treatment of psychological disorders», *Am Psychol.* (abril de 2018), 73(3), pp. 269-285. Doi: 10.1037/ amp0000185. Epub 2018 Mar 1. PMID: 29494172; PMCID: PMC5897133.

KRUGLANSKI, A. W. y E. T. Higgins, eds., *Social psychology: Handbook of basic principles*, Guilford Publications, 2013.

LEJEUNE, J. y J. B. Luoma, *Values in Therapy: A Clinician's Guide to Helping Clients Explore Values, Increase Psychological Flexibility, and Live a more Meaningful Life*, Oakland, New Harbinger Publications, 2019.

LIZERETTI, N., «Terapia basada en inteligencia emocional: un trabajo sistemático con emociones en psicoterapia», *Revista de psicoterapia*, 28(107), 2017, pp. 175-190.

MICELI, Maria y Cristiano Castelfranchi, «Reconsidering the differences between shame and guilt», *Europe's Journal of Psychology*, 14(3), 2018, pp. 710-733.

MIKULINCER, M. y P. R. Shaver, *Attachment in adulthood:*

Structure, dynamics, and change, Londres, Guilford Publications, 2010.

NEFF, K. D., «Self'compassion, self-esteem, and well-being», *Social and personality psychology compass*, 5(1), 2011, pp. 1-12.

PADESKY, C. A. y K. A. Mooney, «Strengths-based cognitive-behavioural therapy: A four-step model to build resilience», *Clinical psychology & psychotherapy*, 19(4), 2012, pp. 283-290.

PARK, N. y C. Peterson, «Character strengths: Research and practice», *Journal of College and Character*, 10(4), 2009.

ROBINS, Richard W., Kali H. Trzesniewski, Jessica L. Tracy, Samuel D. Gosling y Jeff Potter, «Global self-esteem across the life span», en *Psychology and Aging*, 17(3), 2002, pp. 423-434.

ROBINSON, M. D. y M. Eid, eds., *The Happy Mind: Cognitive Contributions to Wellbeing*, Springer International Publishing, 2017.

RUDE, S. S., F. A. Mazzetti, H. Pal y M. R. Stauble, «Social rejection: How best to think about it?», *Cognitive Therapy and Research*, 35(3), 2011, pp. 209-216.

SAINTIVES, Camille y Renaud Lunardo, «Coping with Guilt: The Roles of Rumination and Positive Reappraisal in the Effects of Postconsumption Guilt», *Psychology & Marketing*, 33(5), 2016, pp. 344-357, doi:10.1002/mar.20879

SAULSMAN, L., P. Nathan, L. Lim, H. Correia, R. Anderson y B. Campbell, *What? Me Worry!?! Mastering Your Worries*, Perth, Western Australia, Centre for Clinical Interventions, 2015.

SHEN, F., Y. Liu y M. Brat, «Attachment, Self-Esteem, and Psychological Distress: A Multiple-Mediator Model», *Professional Counselor*, 11(2), 2021, pp.129-142.

SIMPSON, J. A., S. W. Rholes y D. Phillips, «Conflict in close relationships: An attachment perspective», *Journal of Personality and Social Psychology*, 71, 1996, pp. 899-914.

STICE, Eric, Paul Rohde y Heather Shaw, «The Body Project: A Dissonance-Based Eating Disorder Prevention Intervention», *Programs That Work*, (Nueva York, 2012; online ed, Oxford Academic, 1 de enero de 2015).

VARTANIAN, Lenny R., «When the Body Defines the Self: Self-Concept Clarity, Internalization, and Body Image», *Journal of Social and Clinical Psychology*, 28(1), 2009, pp. 94-126.

WAITE, P., F. McManus y R. Shafran, «Cognitive behaviour therapy for low self-esteem: A preliminary randomized controlled trial in a primary care setting», *Journal of behavior therapy and experimental psychiatry*, 43(4), 2012, pp. 1049-1057.

WEIR, K., «The pain of social rejection», *Monitor on Psychology*, 43(4), 2012, p. 50, http://www.apa.org/monitor/2012/04/rejection.aspx.

WILSON, K. G., E. K. Sandoz, J. Kitchens y M. Roberts, «The Valued Living Questionnaire: Defining and measuring valued action within a behavioral framework», *The Psychological Record*, 60, 2010, pp. 249-272.